Recetas *sabrosas* bajas en colesterol

AUTOR: FRIEDRICH BOHLMANN

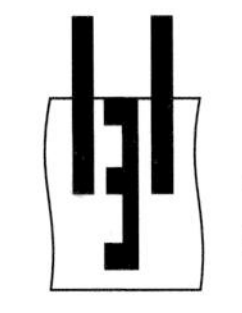

HISPANO EUROPEA

Indice

Principales platos con carne

Principales platos con pescado

Postres y repostería

APÉNDICES

Las recetas y sugerencias que se exponen en este libro expresan la opinión y la experiencia de sus autoras y han sido cuidadas con el máximo detalle. Sin embargo, no pretenden sustituir el asesoramiento de un médico. Cada lectora o lector es responsable de decidir lo que hace y lo que consume. Ni las autoras ni la editorial pueden aceptar ninguna responsabilidad por posibles daños o efectos secundarios derivados de seguir los consejos prácticos que se indican en este libro.
No siempre se han indicado las marcas registradas, pero esto no implica que se trate de denominaciones de libre uso.

Título de la edición original: **Gesund essen Cholesterin im Griff.**

Editorial Hispano Europea, S. A.
Primer de Maig, 21 - Pol. Ind. Gran Via Sud
08908 L'Hospitalet - Barcelona, España.
E-mail: hispanoeuropea@hispanoeuropea.com
Web: www.hispanoeuropea.com

Depósito Legal: B. 37287-2006.

ISBN-10: 84-255-1686-2.
ISBN-13: 978-84-255-1686-3.

IMPRESO EN ESPAÑA PRINTED IN SPAIN

LIMPERGRAF, S. L. - Mogoda, 29-31 (Pol. Ind. Can Salvatella)
08210 Barberà del Vallès

Un nivel de colesterol alto

Cuándo aumenta la concentración de grasas en la sangre

Más de la mitad de los habitantes de Europa y de la mayoría de los países industrializados, viven con un nivel de colesterol demasiado elevado, y las consecuencias son dramáticas: las enfermedades cardiovasculares se sitúan como primera causa de muerte.

Pero no se asuste, usted puede hacer algo para combatir el colesterol. Con una alimentación adecuada evitará las peligrosas obstrucciones de sus vasos sanguíneos, y llevando una vida sana potenciará la salud de su corazón y su sistema circulatorio. Esta guía le aclarará todos los aspectos importantes acerca de cómo tratar el exceso de colesterol. Encontrará consejos y sugerencias para la vida cotidiana así como muchas y deliciosas recetas. Así disfrutará luchando contra el colesterol, y cuidar de su salud se convertirá en una agradable experiencia.

Colesterol bueno y colesterol malo

Cómo interpretarlos bien

Sin colesterol no podemos funcionar

El colesterol es imprescindible para la vida. Sin esta sustancia, el organismo no podría producir las membranas celulares ni las hormonas sexuales. No podría producir ácidos biliares para la digestión de los lípidos ni sintetizar vitamina D, imprescindible para fortalecer los huesos. Por este motivo, el organismo produce la mayor parte del colesterol que necesita: más de dos tercios –1-2 gramos diarios– se producen en el hígado. El porcentaje que tomamos con la alimentación es relativamente pequeño. Por lo tanto, podemos vivir perfectamente sin ingerir colesterol con los alimentos.

El colesterol en la sangre

El colesterol trabaja a nivel celular, y la sangre se encarga de transportarlo hasta las células. Dado que el colesterol es liposoluble y la sangre es una solución acuosa, en teoría debería flotar en ella como si fuese grasa. Pero esto dificultaría mucho su transporte y el aprovisionamiento de las células. Pero la naturaleza se ha ocupado de resolver el problema: para que el colesterol se pueda disolver bien en la sangre y las células puedan captarlo sin problemas, emplea determinadas sustancias transportadoras. Se fija a estas sustancias transportadoras hidrosolubles y se deja llevar por ellas. Los principales transportadores del colesterol son las lipoproteínas HDL y LDL (ver recuadro de la página 7).

LDL y HDL

La LDL hace llegar el colesterol a los órganos. Pero si en la sangre hay demasiado colesterol LDL, se fija a las paredes de los vasos sanguíneos. A la larga, éstos se van estrechando y se forman retenciones. Las paredes de los vasos están sometidas a más presión, se inflaman y acaban por cerrarse. Cuando la luz de las arterias se hace cada vez más estrecha, se produce lo que conocemos como «arteriosclerosis». Su expresión más dramática es cuando el vaso se cierra por completo. Si esto sucede en los vasos que irrigan el corazón se produce un infarto, en el cerebro produce

➤ ¡Preste atención a las señales de alarma!

La progresiva oclusión de los vasos sanguíneos puede permanecer desapercibida durante mucho tiempo porque no produce ningún dolor. Por lo tanto habrá que tomárselo muy en serio cuando aparezcan los primeros síntomas, tales como dolor de pecho punzante, dolor intenso en las piernas al caminar, o insuficiencia respiratoria al subir escaleras. Por desgracia, el 40-50% de los infartos se producen sin aviso previo. Por lo tanto, pida a su médico que le revise con frecuencia sus niveles de colesterol.

un infarto cerebral o ataque de apoplejía. ¡Cuanto mayor sea la concentración de LDL en la sangre, mayor será el riesgo de que esto suceda!

La HDL, lipoproteína opuesta a la LDL, hace salir el colesterol de los órganos y lo hace pasar a la sangre para llevarlo al hígado, donde es descompuesto. Este transporte del colesterol para hacerlo salir de la sangre disminuye el riesgo de arteriosclerosis. Por lo tanto, al colesterol HDL lo consideraremos como «bueno». Cuanto mayor sea su concentración en la sangre, mejor para la salud del corazón y los vasos sanguíneos.

Valores deseables

En sus análisis de sangre, el médico podrá observar diferentes valores del colesterol (ver columna de la derecha).

En el momento de efectuar la extracción de sangre es necesario llevar de 12 a 14 horas en ayunas y no haber efectuado ningún esfuerzo físico importante en las últimas 24 horas. Si la concentración del colesterol total es inferior a 200mg/dl (miligramos por decilitro) –o, como se suele expresar actualmente, inferior a 5,2 mmol/l (milimol por litro)– sus valores son normales. Además de eso, la concentración del colesterol LDL deberá ser inferior a 160 mg/dl (4,2 mmol/l) y la del HDL deberá ser de por lo menos 40 mg/dl (1mmol/l).

Pero estos valores no son válidos si existen otros factores de riesgo para la arteriosclerosis. La persona que fume, sea obesa, tenga hipertensión o sea diabética, debería tener un nivel de colesterol LDL inferior a 130 mg/dl (3,4 mmol/l). Y el que ya haya sufrido un infarto o tenga otras enfermedades cardiovasculares, es importante que se esfuerce por mantener un nivel de LDL inferior a 100 mg/dl (2,6 mmol/l) y un nivel de HDL de por lo menos 40 mg/dl (1mmol/l).

También hay que controlar los triglicéridos, que son grasas presentes en la sangre en estado puro. Si su concentración es muy elevada, espesan la sangre y dificultan la circulación por los capilares. Los valores normales para los triglicéridos deberían ser de 200 mg/dl (2,3 mmol/l).

Si sus valores son mucho más elevados de lo recomendable, se hablará de una hipercolesterolemia.

➤ Breve glosario del colesterol

➤ **Colesterol total:** llamado a veces simplemente «colesterol» o «colesterol en suero», es la suma de HDL, LDL y otros tipos de colesterol. Se lo conoce como colesterol en suero porque se mide su concentración en la sangre.

➤ **HDL:** es una sustancia que transporta colesterol. Está formada por grasa (lípidos) y proteína, y tiene una densidad elevada (**H**igh **D**ensity **L**ipoprotein). Ya que elimina el colesterol de los órganos y de la sangre, se la conoce como «colesterol bueno».

➤ **IDL:** es una fase intermedia en la descomposición del VLDL. Su nombre son las siglas de **I**ntermediate **D**ensity **L**ipoprotein.

➤ **LDL:** es otra sustancia transportadora del colesterol. Al igual que la HDL, también está formada por grasa y proteína. Pero su densidad es inferior (**L**ow **D**ensity **L**ipoprotein). dado que en concentraciones elevadas es responsable de la oclusión de los vasos sanguíneos, lo conocemos como «colesterol malo».

➤ **VLDL:** es la tercera sustancia transportadora de colesterol formada por grasa y proteína. Pero su densidad es muy baja (**V**ery **L**ow **D**ensity **L**ipoprotein). Lleva a la sangre las grasas y el colesterol formados en el hígado. Después de dejar las grasas, por ejemplo en el tejido adiposo, se transforma en LDL.

Controlar el colesterol

Aún tengo estas preguntas

¿Basta una mala alimentación para hacer que el colesterol suba más de lo normal?

Generalmente, los valores anormales de colesterol se deben a una mala alimentación. En algunos casos muy raros puede deberse a un carácter hereditario, entonces se observan niveles muy altos de colesterol incluso en niños muy delgados. Es lo que se conoce como «hipercolesteranemia primaria», mientras que la debida a la alimentación es una «hipercolesteranemia secundaria».

¿Los niveles elevados de calcio también son responsables del endurecimiento de las arterias?

La calcificación de las arterias no está provocada por un exceso de calcio. El calcio solamente se fija en las paredes de los vasos sanguíneos en los lugares en los que las acumulaciones de colesterol ya han provocado una infección. Una alimentación rica en calcio a base de leche, productos lácteos y agua mineral (con más de 150 mg/l de calcio) incluso puede hacer bajar la tensión arterial y ser beneficiosa para los vasos sanguíneos.

¿Cómo se producen las trombosis y las embolias?

La trombosis se produce cuando se forman coágulos en las paredes dañadas de los vasos, empiezan a desarrollarse y dificultan el flujo sanguíneo. Si uno de estos coágulos se desprende, se produce una embolia: el coágulo se desplaza por el torrente sanguíneo hasta llegar a un lugar que es demasiado estrecho para él, por lo que lo tapona. El tejido muere. Si se trata de tejidos vitales, como los de los pulmones o del cerebro, la embolia puede ser mortal.

¿Cómo se notan las obstrucciones de los vasos sanguíneos de las piernas?

Si los depósitos de colesterol estrechan mucho las arterias de las piernas, a los músculos les faltará oxígeno y dolerán ya al cabo de unos pocos pasos. Con el tiempo pueden aparecer alteraciones de color y llagas. Es una enfermedad dolorosa y que hace que los que la sufren no puedan caminar bien y tengan que detenerse con frecuencia.

Además del exceso de colesterol, ¿hay otros factores que influyan en la obstrucción de las arterias?

Uno de los detritos metabólicos de corta duración es la homocisteína. En principio no pasa nada. Pero si se produce una avitaminosis de ácido fólico, B6 o B12, puede convertirse en una sustancia peligrosa y producir arteriosclerosis. La mejor forma de prevenirlo es con una alimentación rica en verduras, hortalizas crudas y sal iodada enriquecida con ácido fólico.

¿El ejercicio ayuda a bajar el nivel de colesterol?

Los análisis lo demuestran: el que corre un total de 32 kilómetros a la semana, 14 días después de haber corrido por última vez sigue teniendo un nivel de colesterol notablemente más bajo que si no se hubiese ejercitado. ¡También practicar la marcha con regularidad puede bajar en un 5% el nivel de colesterol LDL y hacer aumentar el HDL (ver página 13)! Además, los deportes de resistencia son ideales para combatir la obesidad, que es otro importante factor de riesgo para las enfermedades cardiovasculares.

¿Los hombres son más propensos a sufrir un infarto?

No, al contrario. Las muertes por enfermedades cardiovasculares son incluso más frecuentes entre las mujeres que entre los hombres. Hasta llegar a la menopausia están bien protegidas por las hormonas sexuales femeninas, pero luego aumenta rápidamente el número de afecciones cardiovasculares. Pero los hombres pueden tener un infarto a edades más tempranas que las mujeres.

¿El nivel de colesterol aumenta en los estados de estrés?

La mayoría de las personas que llevan un ritmo de vida muy intenso y ajetreado suelen tener un elevado nivel de hormonas del estrés: el pulso se dispara, la tensión arterial aumenta. Esto no incluye en el nivel de colesterol, pero daña las arterias, por lo que el estrés también es un factor de riesgo para las enfermedades cardiovasculares. ¡Es aconsejable aprender a realizar ejercicios de relajación!

¿Cómo se produce el colesterol oxidado y qué puedo hacer para evitarlo?

Los radicales libres, es decir, sustancias que reaccionan de forma muy activa y que están formadas por nicotina u otros tóxicos medioambientales, pueden combinarse con el colesterol oxidándolo. ¡Así aumenta aún más su capacidad para dañar las paredes de las arterias! Los captadores de radicales de la fruta y las verduras (página 15) convierten a estos radicales en sustancias inocuas, por lo que constituyen una buena protección contra los daños vasculares.

Cinco puntales para el sistema cardiovascular

Para que los vasos sanguíneos estén sanos

Para que las arterias estén y se mantengan sanas no basta con regular el nivel de colesterol. La salud del sistema cardiovascular descansa sobre cinco pilares:

Mantener el peso a raya

El sobrepeso es una gran carga para las arterias, ya que la grasa que se acumula en las reservas adiposas del cuerpo daña todos los vasos sanguíneos porque hace que se produzca más colesterol LDL y que disminuya la concentración del HDL. La grasa es especialmente peligrosa cuando se acumula en la región abdominal. Además, la obesidad favorece la aparición de una diabetes mellitus de tipo II, lo cual también supone una fuerte carga para el sistema vascular.

Para calcular si usted tiene sobrepeso necesitará una calculadora. Divida su peso (en kilos) por el cuadrado de su altura (en metros) y obtendrá su Índice de Masa Corporal (IMC).

> **Así se calcula el IMC**
>
> Su Índice de Masa Corporal (IMC) le indicará si usted pesa más de la cuenta.
>
> $$IMC = \frac{\text{peso corporal (kg)}}{\text{altura (m)} \times \text{altura (m)}}$$
>
> IMC = 18,5 - 25 = peso normal
> IMC = 25 - 30 = sobrepeso
> IMC › 30 = fuerte sobrepeso

Ejemplo: para una altura de 1,65 m y un peso de 68 kg, dividiremos 68 por 1,65 al cuadrado. El resultado nos dará casi 25 (concretamente, 24,98). Por suerte, ya que es un valor inferior a 25. Todos los valores superiores a este indicarían sobrepeso.

Consejo práctico: Si tiene un nivel de colesterol demasiado alto, para cuidar su salud será mejor que mantenga un peso normal.

El que tenga que adelgazar, obtendrá los mejores resultados siguiendo una dieta baja en grasas y en carbohidratos. Es decir, limitar las grasas, consumir productos bajos en grasas, y evitar en lo posible los ácidos grasos saturados de la mantequilla, los quesos y la nata, así como la grasa de los embutidos y la carne. Es mucho mejor consumir los ácidos grasos insaturados del pescado y de los aceites vegetales.

En los carbohidratos como azúcar y almidón conviene hacer una distinción entre los que hacen aumentar rápidamente el nivel de glucemia (azúcar de la sangre) y los que lo hacen aumentar lentamente, es decir, entre los que tienen un índice glucémico elevado y los que tienen un índice glucémico bajo. Un índice glucémico alto dificulta el adelgazar, ya que el metabolismo no llega a quemar la energía almacenada en forma de grasa mientras el nivel de glucemia siga siendo alto.

Consejo práctico: No tiene por qué prescindir del todo. Pero será mejor que consuma raciones pequeñas de aquellos alimentos que tengan un índice glucémico elevado, como por ejemplo

Compruebe la forma física de su sistema cardiovascular

Después de responder a estas siete cuestiones sabrá cuál es el riesgo al que está expuesto su sistema cardiovascular, y también si usted lleva una vida sana.

1. ¿Fuma usted habitualmente?	sí (−2)	no (0)
2. ¿Tiene un peso normal?	sí (0)	no (−1)
3. ¿Hace deporte por lo menos dos veces a la semana?	sí(+1)	no (−1)
4. ¿Tiene una tensión arterial superior a 140/90 mmHg?	sí (−3)	no (0)
5. ¿Es usted diabético?	sí (−3)	no (0)
6. ¿Han tenido sus padres, abuelos o hermanos un infarto o un ataque de apoplejía?	sí (−2)	no (+1)
7. ¿Sufre alguna enfermedad cardíaca?	sí (−3)	no (0)

Sume las puntuaciones de sus respuestas. Si el resultado es negativo, consulte a su médico sobre los posibles riesgos para su salud y hágase analizar el nivel de colesterol.

las patatas, algunas variedades de pan, arroz y pasta. Naturalmente, los dulces y pasteles son verdaderos obstáculos en la lucha para conseguir un peso normal. Pero las verduras y la fruta (a excepción de los plátanos) contienen azúcares que apenas influyen en el nivel de glucemia. Además tampoco aportan grasas al organismo, por lo que son ideales para adelgazar de forma saludable.

Bajar la hipertensión

Lo ideal es que la tensión arterial se sitúe entre 120/80 mmHg. Se vuelve crítica al superar los 140/90 mmHg. Entonces, el exceso de presión de la sangre puede dañar las paredes internas de las arterias.

Consejo práctico: Protéjase empleando la sal con moderación. Sazone sus platos preferiblemente con especias o con hierbas de cocina bien picadas. Generalmente también baja la tensión si se consume más verdura y más fruta y se disminuye el consumo de alcohol o se pierden algunos kilos. Nuestras recetas convierten estas sugerencias en una alimentación muy saludable.

Hacer ejercicio

La actividad física influye en el nivel de colesterol de forma doblemente positiva: el ejercicio hace descender el nivel del LDL y hace aumentar el de HDL. También baja el riesgo de hipertensión y de diabetes a la vez que ayuda a controlar el sobrepeso. ¡Por lo tanto, más motivos para incluir el ejercicio en la vida cotidiana! Pero no se preocupe, no es necesario que cada día se pase varias horas corriendo por el parque.

Consejo práctico: No se fuerce más de la cuenta. No pretenda obtener de su cuerpo un rendimiento excesivo. Bastará con que incluya más ejercicio físico en su vida cotidiana, y que le haga ilusión hacerlo. Lo ideal sería hacer ejercicio durante 30 minutos al día: sea en el gimnasio, trabajando en el jardín, sacando a pasear al perro, o yendo al trabajo en bicicleta. Cuanto más variado sea, más se divertirá.

Acabe con el estrés

El estrés crónico aumenta el riesgo de infarto en un 30 %. Unos estudios efectuados en Suecia recientemente demuestran lo que todos ya nos temíamos: el que conserva la calma y la paz interior, cuida su corazón. Por el contrario, las personas que viven en un constante estado de estrés tienen un elevado riesgo de sufrir más tarde o más temprano un infarto o un ataque de apoplejía de consecuencias fatales.

Consejo práctico: En casos agudos puede resultar útil respirar profundamente, anotar por escrito las molestias, o comentarlo con alguien. A largo plazo pueden emplearse los más diversos métodos de relajación. Según cual sea el problema puede seguir un curso de control de tiempos o de situaciones de crisis, practicar algún deporte, ir al cine o incluso aprender a cocinar para conseguir distanciarse de su trabajo y recuperar el equilibrio.

Una dieta saludable para el corazón

Menos grasa, no demasiada sal, una alimentación rica en proteínas y con muchos ácidos grasos insaturados, pero con poco colesterol, así sería la alimentación ideal para las personas con un elevado nivel de colesterol. ¿Cree que eso implica una dieta triste e insípida? Nada más lejos de la realidad. A partir de la página 23 encontrará una amplia variedad de estupendas y muy sabrosas recetas para todos los días. ¡Mejores consejos no los va a encontrar!

En caso de tener el nivel de colesterol demasiado elevado también podría limitarse a evitar todos los alimentos demasiado ricos en colesterol. Pero eso sólo no sería suficiente para bajar el nivel de colesterol. A su sistema cardiovascular no le ayudará mucho si el domingo por la mañana sustituye sus huevos y su mantequilla habituales por unas tostadas con margarina. Y esto se debe a que ¡la mayor parte del colesterol la produce el propio organismo! Es más importante moderar el consumo de grasas en general. Siempre es posible encontrar alternativas, por ejemplo para untar el pan: a lo mejor también le gusta el pan untado con queso fresco bajo en grasas y con hierbas y rodajas de tomate o de pepino. ¡Pruébelo! En vez de hojaldre dulce o picante –pero siempre muy rico en grasas– emplee una masa de requesón y aceite. En el supermercado encontrará embutidos bajos en grasas, y quesos que siguen siendo sabrosos con un 30 % de materia grasa. Incluso existe nata con un tercio menos de materia grasa.

➤ Medicamentos como última opción

En los casos en que el elevado nivel de colesterol se deba a causas hereditarias y no pueda hacerse disminuir mediante la alimentación, puede ser necesario recurrir a diversos fármacos. Pueden inhibir la producción de colesterol en el organismos (estatinas), la absorción del colesterol por el intestino (resinas intercambiadoras o inhibidores de recepción), o ambos (inhibidores duales del colesterol). Estos medicamentos no pueden sustituir una alimentación saludable ni una vida sana, ¡pero pueden ser un buen complemento!

Los fármacos más eficaces son los que inhiben los enzimas de la síntesis del colesterol **(inhibidores de ESC).** Hacen disminuir la concentración del colesterol LDL a menos de 100 mg/l. Desventaja: para que sean eficaces hay que tomarlos regularmente durante toda la vida.

Existen otros fármacos que regulan los triglicéridos y elevan el nivel de colesterol HDL, pero aún no se sabe cuál es realmente su efecto.

Deportes recomendables

Los estudios realizados en la Emory University de Atlanta, Estados Unidos, demuestran que solamente se consigue disminuir el colesterol con ejercicio físico a largo plazo. Por el contrario, los esfuerzos intensos y breves son muy perjudiciales para el sistema cardiovascular. Incluso los esfuerzos ligeros como ir de excursión, trabajar en el jardín, nadar o hacer gimnasia ayudan a disminuir el riesgo de infarto. En caso de hipertensión o de un nivel elevado de colesterol es aconsejable optar por estos deportes:

DEPORTES RECOMENDABLES

Deporte	Ventajas	Consumo calorías
Aeróbic	Quema grasas, aumenta la resistencia, es divertido	210 kcal
Aqua-jogging	Quema grasas, aumenta la resistencia, es divertido	400 kcal
Tiro con arco	Relaja, elimina el estrés	–
Patinaje sobre hielo	Quema grasas, aumenta la resistencia, es divertido	175 kcal
Ciclismo	Quema grasas, aumenta la resistencia, es divertido	212 kcal
Esgrima	Elimina el estrés	289 kcal
Golf	Elimina el estrés, quema grasas	174 kcal
Gimnasia	Aumenta la elasticidad	210 kcal
Patinaje con patines en línea	Quema grasas, aumenta la resistencia, es divertido	420 kcal
***Jogging* ligero**	Quema grasas, aumenta la resistencia	330 kcal
Tiro	Elimina el estrés, relaja	–
Natación	Quema grasas, aumenta la resistencia, aumenta la elasticidad	340 kcal
Esquí de fondo	Quema grasas, aumenta la resistencia	302 kcal
Tai Chi Chuan	Elimina el estrés, relaja	–
Danza deportiva	Elimina el estrés, quema grasas, aumenta la resistencia	225 kcal
Marcha nórdica	Quema grasas, aumenta la resistencia	200 kcal
Marcha	Quema grasas, aumenta la resistencia	140 kcal
Excursionismo	Quema grasas, aumenta la resistencia	93 kcal

Nota acerca del consumo energético: los valores se refieren a 30 minutos: El consumo de calorías puede oscilar mucho en función de la intensidad con que se realice el ejercicio.

– = sin valores

Disfrutar controlando el colesterol

Terapia de cuchillo y tenedor

Al disminuir las grasas disminuye el nivel de colesterol

Lo ideal es que el promedio diario de las calorías aportadas por las grasas no supere el 30 % del total de las calorías aportadas por los alimentos. Pero la mayoría de las veces sobrepasamos esos límites saludables. Entre los principales enemigos de nuestro sistema cardiovascular se cuentan los embutidos, carnes y quesos muy ricos en grasas, las grasas para untar, la nata y otros productos lácteos muy grasos, así como la mayoría de los dulces. Contienen una gran cantidad de ácidos grasos saturados que hacen aumentar el nivel de colesterol.

Pero actualmente ya no tiene por qué prescindir completamente de estos productos: la mayoría puede sustituirlos por variedades con un bajo contenido en grasas (ver solapa de la contraportada de este libro). Ahorre grasas friendo en sartenes con recubrimiento de teflón, guisando con papel para hornear y preparando las guarniciones al vapor o a la plancha.

El que se queje de que a los alimentos magros les falta sabor no sabe (todavía) que la grasa es un buen transmisor del sabor, pero que no aporta sabor de por sí. Los aromas, por ejemplo, pueden proceder de hierbas frescas o de especias. Empléelas en sus guisos. Así obtendrá platos sabrosos con pocas (y buenas) grasas.

Un cambio de aceite para mantener el corazón en forma

Lo ideal para hacer bajar el nivel de colesterol LDL es cambiar los ácidos grasos saturados por ácidos grasos insaturados. ¿Pero cómo? Pues, por ejemplo, empleando aceite de oliva para freír en vez de manteca. Los ácidos grasos poliinsaturados son muy importantes para una alimentación saludable, pero por desgracia también son muy sensibles a la temperatura. Por ese motivo, tanto las nueces y semillas como sus aceites deberemos reservarlos para la cocina fría. Nunca hay que freír con aceite de nueces o de girasol.

Según su composición, algunos ácidos grasos insaturados hacen bajar el nivel del colesterol LDL mientras que otros hacen lo mismo con los trigli-

➤ Productos dietéticos con esteroides vegetales

Algunos alimentos modernos, como por ejemplo la margarina, son enriquecidos con esteroides vegetales. Y estos esteroides disminuyen la absorción de colesterol en el intestino. Esto sucede porque la estructura de los esteroides artificiales es muy similar a la del colesterol. Así es posible evitar que una buena parte del colesterol pase del intestino a la sangre. Consumido a diario –combinado con un modo de vida saludable– puede hacer que el nivel del colesterol LDL descienda en un 10-15 %.

céridos. Existen unos ácidos grasos poliinsaturados que son especialmente beneficiosos para el sistema cardiovascular, son los ácidos grasos Omega-3. Se encuentran por ejemplo en el salmón, la caballa, el arenque y el atún. El organismo los descompone en sustancias vasodilatadoras que ensanchan los vasos sanguíneos, mejoran el flujo sanguíneo y ayudan a combatir muy eficazmente los problemas cardiovasculares.

Fibra: sacia el apetito y baja el nivel de colesterol

La fibra es un saciador del apetito natural. Se hincha en el estómago y en el intestino impidiendo que se vuelva a tener apetito. Gracias a este efecto saciante favorece una dieta baja en grasas y beneficiosa para el colesterol. Además, la fibra interviene de forma activa en el descenso del nivel de colesterol: el hígado transforma el colesterol en ácidos biliares. Y éstos se encargan de la digestión de las grasas en el intestino y vuelven ser reciclados por el metabolismo. La fibra liga a estos ácidos biliares y se encarga de que sean excretados, por lo que el hígado tendrá que emplear el nuevo colesterol para la producción de ácidos biliares. El nivel de colesterol baja. En este aspecto resulta especialmente efectiva la fibra de la avena y las legumbres.

Cuidado con las bombas de colesterol

Para evitar cargar aún más un nivel de colesterol ya bastante elevado, es recomendable consumir con moderación los alimentos ricos en colesterol tales como huevos, vísceras o marisco. De todos modos el contenido en colesterol de los alimentos no influye tanto en el nivel de colesterol de la sangre como en la cantidad y el tipo de grasas que se consumen. Por ejemplo, si en una comida a base de huevos revueltos o ensalada de gambas consumimos más colesterol de la cuenta, el organismo inmediatamente limita el colesterol de producción propia.

Pero si se tiene un nivel de colesterol muy elevado, esta autorregulación no siempre funciona así de bien. En esos casos es muy recomendable prescindir de las carnes grasas y embutidos ricos en colesterol, limitar el consumo de huevos a tres a la semana (incluidos los de la pasta, repostería y cremas), y prescindir de las vísceras y el marisco.

Bloqueadores del colesterol en verduras, productos integrales y demás

Los alimentos vegetales contienen pocas grasas y están libres de colesterol, por este motivo ocupan una posición preponderante en la dieta anticolesterol. Y si desea algo más sólido, entonces que sea un alimento con ácidos grasos insaturados. En el grano, el ajo y los garbanzos cada vez se descubren más sustancias que hacen bajar el nivel del colesterol de forma activa y son saludables para el sistema cardiovascular. Estas sustancias protectoras pueden inhibir la absorción del colesterol en el intestino, frenar la producción de colesterol del hígado o captar a los radicales libres antes de que permitan que el colesterol LDL perjudique las paredes arteriales. Por lo tanto, no es nada raro que el sistema cardiovascular funcione mucho mejor con una dieta que incluya mucha fruta y verdura –a ser posible más de un 40 %–.

Es así de fácil

Comer y beber pensando en el colesterol

Si se tiene un nivel de colesterol elevado, ¿hay que prescindir por completo de los huevos?

A pesar de que los huevos contienen mucho colesterol, con un nivel de colesterol elevado se pueden consumir hasta tres huevos a la semana. En la mayoría de las personas, el hecho de ingerir más colesterol con la alimentación apenas hace aumentar el nivel de colesterol en la sangre.

¿Cuánto café se puede tomar?

Generalmente no hay problema en tomar hasta cuatro tazas de café al día. Pero a las personas muy sensibles les basta una taza para reaccionar con palpitaciones, pulso acelerado e hipertensión. En este caso es mejor tomar café descafeinado o pasarse al té. El té también contiene cafeína (llamada antiguamente teína), pero su efecto es mucho más suave.

¿La carne blanca es mejor que la oscura?

Da igual el color que tenga la carne, lo que importa es su contenido en grasas. En la carne roja generalmente se ve mejor la grasa y es más fácil cortarla. En la carne blanca de las aves, la grasa suele estar directamente debajo de la piel. Por este motivo es mejor no comer la piel. Prescindiendo de la piel, la carne de pechuga de pollo o de pavo es una de las que contienen menos colesterol.

Si se tiene un nivel de colesterol alto, ¿con qué frecuencia se puede comer pescado graso?

Las grasas del pescado son muy saludables. Pero incluso en una alimentación que incluya grasas especialmente sanas es conveniente que éstas no superen la barrera del 30 %. Si lleva una dieta baja en grasas podrá disfrutar frecuentemente del salmón, la caballa y el arenque. Pero es mejor hacer sólo una comida a la semana a base de estos pescados tan grasos y otra a base de pescado marino magro, como por ejemplo rodaballo, merluza o salmón marino.

¿El ajo ayuda a bajar el nivel de colesterol?

El ajo aporta compuestos sulfurosos muy activos que regulan el nivel del colesterol LDL y pueden hacer disminuir la tensión arterial. Por lo tanto, su consumo habitual resulta especialmente beneficioso para los pacientes con problemas cardiovasculares. Si a usted le parece excesivo consumir dos dientes de ajo al día, quizás prefiera optar por los productos a base de ajo de olor neutro que puede adquirir en su farmacia.

¿Se pueden consumir nueces sin problemas?

Las nueces son especialmente ricas en ácidos grasos insaturdos. Pero si se consumen en exceso también pueden hacer engordar. No vaya picando estos concentrados energéticos sin pensar en lo que hace. Para conseguir un estupendo aporte de estas grasas tan saludables basta con consumir un puñado entre horas, o añadir una cucharada de nueces picadas al müsli, a la ensalada o a un yogur natural.

Si se tiene el colesterol alto, ¿son realmente necesarias esas margarinas dietéticas tan caras?

Sí y no. En vez de pasar de la mantequilla a la margarina, sería más lógico prescindir total o parcialmente de sustancias grasas para untar el pan. Al suprimir las grasas visibles y evitables se tienen más probabilidades de conseguir bajar el nivel de colesterol. Pero si quiere seguir untando el pan, la margarina dietética es la mejor opción, ya que contiene un elevado porcentaje de ácidos grasos insaturados.

¿Qué aceites son los mejores para condimentar las ensaladas y qué grasas las más recomendables para la sartén?

Los aceites aromáticos vegetales de nueces y semillas, obtenidos por prensado en frío, son los mejores para la cocina fría. Son tan aromáticos que generalmente basta con una cucharada para la salsa de la ensalada. Estos aceites son muy ricos en ácidos grasos poliinsaturados. Por otra parte, en el aceite de oliva encontramos principalmente ácidos grasos monoinsaturados que no se desnaturalizan al ser calentados en la sartén.

¿Las vitaminas pueden ayudar a bajar el nivel de colesterol?

Por el momento no disponemos de pruebas científicas que corroboren que las elevadas dosis de vitaminas influyan a largo plazo en el nivel de colesterol. Por sí solas, las vitaminas de la fruta y la verdura no pueden influir en la protección del corazón y las arterias. Pero estos complejos micronutrientes influyen en la acción conjunta de todos los nutrientes, así como en la de las demás sustancias individuales que ayudan a proteger el sistema cardiovascular.

Comer fuera de casa sin colesterol

En el restaurante

Comer fuera de casa

«¿Qué deseará para comer?» Ante esta pregunta habitual del camarero, la mayoría de las personas con exceso de colesterol se quedan sin saber qué contestar. Y es que en la carta no se indica qué grasas se emplean para cocinar, ni en qué cantidades.

No es raro que la persona que desee cuidar el contenido graso elija una ensalada, una lasaña de verdura o un filete con guarnición de setas o de verduras. Pero, por desgracia, es probable que el cocinero haya bañado las hojas de lechuga en una salsa de crema de leche, y que haya preparado la lasaña con una espesa salsa de bechamel. La carne magra a lo mejor va acompañada de un cremoso ragú de setas con crema de leche, mientras que las verduras es posible que las hayan rociado con mantequilla derretida antes de servirlas.

Para evitar estas sorpresas es preferible plantear algunas preguntas antes de pedir los platos –a lo mejor parecerá extraño, pero tenemos todo el derecho a hacerlo–. ¡En interés del corazón y las arterias! Por lo tanto, no sea tímido. Pregunte si para freír han empleado aceite o manteca, si le pueden servir las salsas en una tarrina aparte, y si sería posible que no le untasen con mantequilla la verdura, la carne y el pescado. En los buenos restaurantes tendrán en cuenta sus sugerencias, especialmente si indica que ha de ser un poco crítico con las grasas por motivos de salud y que debe evitar los ácidos grasos saturados. Es probable que el cocinero prepare los platos en el momento, por lo que no le será difícil sustituir la manteca por aceite de oliva.

Y otra sugerencia: en todas las cartas encontrará pescado. Pídalo hervido o a la plancha, pero no frito. Acompáñelo con una abundante ensalada condimentada con un poco de aceite de oliva y disfrute tranquilamente de su comida.

Consejos generales para comer en un restaurante

Pida:

➤ alimentos a la plancha, al vapor o hervidos, en vez de rebozados, fritos o gratinados.
➤ sopa de verduras, en vez de crema de verduras.
➤ patatas a la plancha, en vez de patatas fritas.
➤ ensalada sola, en vez de ensalada condimentada.

Pida que le den aceite y vinagre en vez de una salsa preparada, que generalmente es demasiado grasa.

➤ ensalada, pechuga de pollo a la plancha y un yogur o postre de frutas, en vez de patatas fritas, hamburguesa y manzana envuelta en hojaldre.

Esto puede encontrarlo en cualquier restaurante de comida rápida medianamente decente.

➤ salsa de vinagre, mostaza y yogur, en vez de mayonesa.
➤ zumo de fruta, en vez de bebida gaseosa.
➤ sorbete, en vez de helado de nata.

Comer en restaurantes de comida rápida no tiene por qué ser malo

Incluso en los restaurantes de comida rápida de las grandes cadenas internacionales se puede comer cuidando el colesterol. Después de todo, no sólo venden grasientos trozos de carne metidos en panecillos. Incluso en estos grandes templos del consumo hipercalórico tienen mucho éxito las ensaladas, la carne de pollo a la plancha, los batidos de yogur y las tarrinas con grandes trozos de fruta. Actualmente también se puede comer en ellos de forma sana y variada. Cuide de no verter ninguna salsa grasienta con base de mayonesa sobre su ensalada fresca, crujiente y prácticamente libre de grasas. Le irá mucho mejor una salsa ligera a base de yogur. Más sugerencias.

Elija:

➤ un panecillo con una fina loncha de carne, lechuga, tomate y *ketchup,* en vez de una *cheeseburguer.*

➤ pechuga de pollo a la plancha y ensalada con salsa de yogur, en vez de pollo frito.

➤ macedonia de frutas, en vez de muffins y donuts.

➤ salsa de curry o dip, en vez de una salsa cremosa y rica en grasas.

Cómo elegir bien en los restaurantes asiáticos

El arroz es uno de los ingredientes fundamentales de la cocina asiática, pero también hay muchas verduras, y a la carne suelen cortarla muy fina. En principio es ideal para una alimentación que tenga en cuenta el colesterol. Sin embargo, en la cocina asiática también encontramos muchos fritos que será mejor evitar. Por lo tanto, elija preferiblemente los platos de masa cocinados al vapor y las verduras. Además, puede pedir:

➤ rollos al vapor o hervidos, en vez de rollos de primavera y Wan-Tan.

➤ platos a base de pollo, en vez de pato.

➤ tofu, en vez de rollos de huevo.

➤ platos con salsa agridulce, en vez de con leche de coco.

➤ arroz con pechuga de pollo y fruta, en vez de arroz con marisco.

➤ carnes, pescado o verdura marinados con salsa Teriyaki y a la plancha, en vez de envueltos en masa y al horno.

➤ arroz al vapor, en vez de frito.

➤ postre de fruta, en vez de crema o helado de coco.

En los restaurantes italianos todo depende de la salsa y las guarniciones

La verdadera pasta italiana consta solamente de harina y agua. Son las salsas las responsables de que los espaguetis a la carbonara y los macarrones a la napolitana se conviertan en verdaderas bombas de calorías. Pero no tiene por qué ser así, después de todo la pasta también resulta muy sabrosa con una salsa de tomate fresco o con trocitos de otras verduras. Si se le añade un poco de atún o dados de pechuga de pavo será aun mejor, sin aumentar lo más mínimo su contenido en grasas. Y lo mismo sucede con la pizza: mientras que la masa suele ser superligera, con la cobertura suele suceder lo contrario. Elija una pizza con verduras, champiñones, algo de jamón y poco queso. Veamos algunas sugerencias para que pueda disfrutar de su restaurante italiano favorito sin que ello suponga ninguna carga para su salud.

Elija:

➤ un primer plato a base de minestrone o jamón con higos, en vez de *vitello tonnato* o *crostini* con crema de hígado.

➤ pasta con verduras, setas o pescado, en vez de pasta con carne picada o queso.

➤ verdura al horno o legumbres marinadas, en vez de tortilla.

➤ mejillones hervidos con salsa de tomate, en vez de marisco marinado.

➤ postre a base de fresones, helado de frutas o *amaretti,* en vez de tiramisú o *panna cotta.*

Cómo ahorrar grasas con facilidad

¡Prescindir de la grasa es sano!

Embutidos: La mayoría de los embutidos son muy ricos en grasas, y además contienen muchos ácidos grasos saturados. Es preferible elegir los embutidos de pollo o pavo bajos en materia grasa, y hacer los bocadillos de jamón cocido o de jamón de salmón (sin el borde de grasa). Siempre hay que prestar atención al contenido en materia grasa.

Carne: Si no se ve grasa a simple vista no hay problema para consumir raciones de hasta 150 gramos. Y deberán ira acompañadas de una abundante guarnición de verduras, arroz o patatas. Es mejor prescindir de las vísceras porque son uno de los alimentos con más colesterol.

Productos lácteos: Cuidado, aquí puede haber muchas grasas ocultas. Alternativas posibles: emplear queso fresco desnatado (actualmente se pueden comprar variedades con a partir de un 0,2 % de materia grasa) en vez de crema de leche, requesón desnatado –batido con un poco de agua– en vez de nata. Es mejor prescindir de la nata batida o sustituirla por nata baja en grasas.

Queso: Ya sabemos que el queso con un 30 % de materia grasa en peso seco no siempre es tan sabroso como el natural. Pero esto no sucede con todas las variedades: si consume mucho queso deberá tomarse la molestia de probar las variedades bajas en grasas. Además: el elevado contenido en calcio y vitamina B2 de la leche se mantiene inalterado en los quesos y demás productos lácteos bajos en grasas.

***Snacks* y aperitivos:** ¿Se le había ocurrido pensar que las patatas *chips* normales y corrientes contienen más grasa que la anguila ahumada o que el bacon? Pobre del que se coma una bolsa entera antes de irse a dormir. Por suerte también existen variedades con solamente un 3 % de grasa. Otra alternativa son las palomitas de maíz. ¡En caso de tener un nivel de colesterol elevado puede sazonarlas con pimienta en vez de con sal!

Dulces: El verdadero placer del chocolate no depende de la cantidad. Consuma menos, pero disfrute de las variedades de mejor calidad, a ser posible con más de un 30 % de cacao. El que sea muy aficionado a los dulces puede consumir caramelos, ositos de goma y similares –todos están absolutamente libres de grasas–. Pero tampoco son nada recomendables. Es mejor picar de vez en cuando algunos frutos secos.

Mantequilla: Antiguamente, hablar de mantequilla era sinónimo de salud. Pero para el colesterol es mejor prescindir totalmente de ella, o emplear mínimas cantidades para untar el pan. Sin embargo, sería mejor que la sustituyese por queso fresco sin grasas o requesón desnatado. También puede emplear tomate rallado o ajvar, una pasta de pimiento suave o picante que podrá encontrar en cualquier supermercado bien surtido.

Mayonesa y huevos: La mayonesa está compuesta por huevos y aceite, ¡por lo tanto, no es nada adecuada para el colesterol! Muchas salsas para la ensalada se pueden elaborar con la mitad de grasas. Mezcladas con yogur o queso fresco proporcionan unos condimentos excelentes. Desayunar un huevo una vez a la semana no supone ningún riesgo. Pero si usted emplea muchos huevos para cocinar, busque algún sucedáneo sin colesterol en las tiendas de dietética.

Pan y bollería: Lo ideal es consumir pan integral. Si no le gusta morder cosas duras, pida un pan que esté elaborado con harina integral bien molida. Además de fibra para bajar el nivel de colesterol, el pan integral aporta una gran cantidad de vitaminas y minerales. Y se mantiene fresco durante más tiempo porque retiene mejor la humedad.

Recetas bajas en colesterol

Cocinar, guisar y disfrutar

teniendo en cuenta el colesterol

Para conseguir disminuir el nivel de colesterol es necesario cambiar la alimentación a largo plazo. Para esto es necesario recurrir a recetas que se puedan adaptar a la vida cotidiana, que aporten variedad, que sean fáciles de preparar y que requieran poco tiempo. Estas recetas sencillas, saludables y sabrosas son las que encontrará en este capítulo.

Elija de esta amplia variedad aquello que más le apetezca. Los tiempos indicados le darán una idea de si se trata de recetas rápidas o algo más complejas. Fíjese también en los datos de las raciones. Por regla general se trata de recetas para dos personas. Descubra lo agradable que puede llegar a ser bajar el nivel de colesterol, ya que todos estos platos bajos en grasas y adecuados para el colesterol son cualquier cosa menos monótonos, insípidos o aburridos, y resultan tan sabrosos al paladar como beneficiosos para las arterias.

Dulce hamburgesa de fruta

INGREDIENTES PARA 4 PERSONAS

4 cucharadas de nueces laminadas (se pueden sustituir por copos de coco, almendras o semillas de calabaza)

1 manzana dulce

1 naranja pequeña

1 kiwi

1 plátano

2 cucharadas de queso fresco (5 % de materia grasa)

1 cucharadita de miel

4 panecillos grandes de pan integral (con semillas de lino, pipas de girasol o semillas de calabaza)

PREPARACIÓN: unos 15 minutos

1. Dorar las nueces en una sartén sin aceite.
2. Pelar la manzana y extraer el corazón. Pelar la naranja y el kiwi. Cortar todas las frutas a rodajas gruesas.
3. Pelar el plátano, chafarlo con un tenedor. Mezclar el plátano con queso fresco y miel.
4. Cortar los panecillos por la mitad y untar las dos mitades con la pasta de plátano. En la parte inferior, colocar las rodajas de manzana y cubrirlas con el kiwi y la naranja. Esparcir las nueces por encima y cubrir con la otra mitad del panecillo.

VARIANTE

Las frutas para estas hamburguesas se pueden conseguir durante todo el año. Sin embargo, puede sustituirlas por fruta de temporada. Resultan especialmente sabrosas con bayas frescas. Basta lavar y picar las bayas, mezclarlas con el queso fresco y untar el pan con esa crema.

ENTRE HORAS

Con un pequeño truco, se puede llevar estas hamburguesas tranquilamente al trabajo: unte los panecillos con la crema de queso fresco y miel. Prepare una ensalada de fruta con las frutas y las nueces tostadas. Añádale un poco de zumo de limón para que la fruta no se ponga marrón. En un envase hermético se mantendrá fresca hasta la hora de la pausa. Entonces podrá comerla acompañando a su bocadillo de queso fresco.

Valores nutritivos por ración:

310 kcal • **10 g** proteínas • **8 g** grasas • **49 g** carbohidratos • **8 g** fibra

Müsli de cereales multicolor

INGREDIENTES PARA 2 PERSONAS

6 cucharadas de granos de trigo

2 cucharadas de pasas

1 cucharada de semillas de calabaza

1 cucharadas de avellanas

1 naranja

1 kiwi

1 pera

6 cucharadas de yogur desnatado (0,1 % de materia grasa)

PREPARACIÓN: unos 15 minutos

TIEMPO DE MACERACIÓN: 8 h

1. Triturar el trigo en un molinillo para café o cereales. Mezclar con 100 ml de agua fría y dejar reposar durante unas 8 horas.

2. Picar las avellanas y las semillas de calabaza. Dorarlas durante 2 minutos en una sartén sin aceite y removiendo constantemente.

3. Pelar bien la naranja eliminando por completo las pieles blancas. Cortarla a gajos y aprovechar el jugo que se desprenda. pelar el kiwi y cortarlo a rodajas. Pelar la pera, extraerle el corazón, y rallarla. Mezclar la fruta, el jugo de naranja y el yogur con los cereales.

SUGERENCIA

Si quiere llevarse el müsli al trabajo, en vez de yogur emplee 6 cucharadas de zumo de manzana. Los kiwis liberan enzimas que pueden reaccionar con el yogur.

Valores nutritivos por ración:

235 kcal • **7 g** proteínas • **3 g** grasas • **42 g** carbohidratos • **8 g** fibra

Müsli para beber

INGREDIENTES PARA 2 VASOS

500 ml de zumo de manzana

5 cucharadas de copos de cereales

1 melón pequeño (500 g)

150 g de yogur desnatado (0,1 % de materia grasa)

2 cucharadas de miel

PREPARACIÓN: unos 10 minutos

1. Calentar el zumo de manzana. Mezclar con los copos de cereales y dejar reposar durante 5 minutos.

2. Cortar el melón por la mitad y limpiarlo de semillas. Pelar las mitades y cortarlas a trozos. Pasar los trozos de melón por la batidora junto con la mezcla de copos y el puré hasta obtener una crema homogénea. Endulzar con miel y servir en dos vasos largos.

SUGERENCIA

¿No tolera bien la fruta cruda? Entonces, caliente brevemente los trozos de melón en el zumo de manzana antes de añadir los cereales. Déjelo reposar y luego páselo todo por la batidora.

Valores nutritivos por ración:

365 kcal • **8 g** proteínas • **3 g** grasas • **75 g** carbohidratos • **3 g** fibra

Müsli crujiente con manazana

INGREDIENTES PARA 2 PERSONAS

6 cdas. de copos de avena
2 cdas. de semillas de calabaza
2 cdas. de copos de salvado de avena
1 sobre de azúcar de vainilla
6 albaricoques secos (naturales)
1 manzana grande
300 ml de cuajada descremada (1,5 % de materia grasa)

PREPARACIÓN: unos 15 minutos

1. Dorar los copos de avena, las semillas de calabaza y los copos de salvado de avena con el azúcar de vainilla en una sartén sin aceite durante 5 minutos. Remover constantemente.
2. Cortar los albaricoques secos a trocitos. Pelar la manzana, extraer el corazón, y rallarla. Mezclar con los trocitos de fruta y la cuajada. Espolvorear con los copos tostados y crujientes.

SUGERENCIA

Emplee siempre albaricoques que no hayan sido sulfatados. Las frutas sulfatadas destruyen la vitamina B de los copos de cereales.

Valores nutritivos por ración:

390 kcal • **15 g** proteínas • **10 g** grasas • **57 g** carbohidratos • **13 g** fibra

Müsli de bayas

INGREDIENTES PARA 2 PERSONAS

250 g de bayas variadas (frescas o congeladas)
100 g de copos de avena
2 cucharadas de pasas
250 ml de cuajada descremada (1,5 % de materia grasa)
1 sobre de azúcar de vainilla
1 cucharada de pistachos picados

PREPARACIÓN: 10 minutos

1. Lavar bien las bayas, secarlas y limpiarlas. Partir las bayas grandes por la mitad. La fruta congelada hay que atemperarla en un poco de agua tibia y luego escurrirla bien. Repartir la fruta en dos vasos o platos.
2. Mezclar los copos de avena con pasas, cuajada y azúcar de vainilla. Verter sobre las bayas. Espolvorear el müsli con los pistachos.

Valores nutritivos por ración:

365 kcal • **13 g** proteínas • **9 g** grasas • **56 g** carbohidratos • **6 g** fibra

Müsli de naranja

INGREDIENTES PARA 2 PERSONAS

2 naranjas
2 manzanas
100 g copos de cereales
200 g de yogur desnatado (0,1 % de materia grasa)
2 ramitas de melisa

PREPARACIÓN: 15 minutos

1. Exprimir 1 naranja. Pelar las manzanas, extraer el corazón y rallar la pulpa. Mezclar con los copos de cereales, el yogur y el zumo de naranja.

2. Pelar bien 1 naranja, eliminando todas las pieles blancas. Separar los gajos y recoger el jugo que salga. Mezclar los gajos y el jugo con la crema de yogur.

3. Distribuir las raciones de müsli y decorarlas con la melisa.

Valores nutritivos por ración:

315 kcal • **12 g** proteínas • **4 g** grasas • **55 g** carbohidratos • **6 g** fibra

Ensaladas de fresones

INGREDIENTES PARA 2 PERSONAS

300 g de fresones (frescos o congelados)
100 ml de zumo de naranja
2 kiwis
1 sobre de azúcar de vainilla

PREPARACIÓN: 15 minutos

1. Lavar bien los fresones, escurrirlos y limpiarlos. Según su tamaño, cortarlos por la mitad o a cuartos. Los fresones congelados hay que dejar que se atemperen en zumo de naranja tibio.

2. Pelar los kiwis y cortarlos a rodajas. Mezclar con los fresones, el zumo de naranja y el azúcar de vainilla.

FRUTAS DELICADAS

A los fresones frescos nunca hay que dejarlos en remojo. Pierden rápidamente su aroma y sus sustancias vitales.

Valores nutritivos por ración:

120 kcal • **3 g** proteínas • **1 g** grasas • **21 g** carbohidratos • **13 g** fibra

Crema de manzana y plátano

INGREDIENTES PARA 4 PERSONAS

1 manzana

1 plátano

100 g de queso fresco (5 % de materia grasa)

2 cucharaditas de zumo de limón

1 sobre de azúcar de vainilla

4 panecillos integrales grandes

PREPARACIÓN: 10 minutos

1. Pelar la manzana, eliminar el corazón y cortarla a cuartos. Cortar los cuartos a rodajas. Pelar el plátano y cortarlo a rodajas.
2. Pasar los trozos de fruta por la batidora y añadirles el zumo de limón, el queso fresco y el azúcar de vainilla.
3. Cortar los panecillos por la mitad. Untar con la crema de fruta.

VARIANTE

¿Le apetece cambiar de sabor? Cambie la manzana por un mango pequeño.

SUGERENCIA

Prepare la crema inmediatamente antes de usarla. Se pone marrón al cabo de muy poco rato.

Valores nutritivos por ración:

260 kcal • **10 g** proteínas • **4 g** grasas • **45 g** carbohidratos • **6 g** fibra

Mousse de ciruelas casera

INGREDIENTES PARA 2 PERSONAS

60 g de ciruelas secas deshuesadas

3 cucharadas de zumo de naranja

1 plátano

1 sobre de azúcar de vainilla

canela

clavo molido

2 panecillos integrales grandes

2 cucharadas de queso fresco (5 % de materia grasa)

1 cucharada de pistachos

PREPARACIÓN: unos 10 minutos
TIEMPO DE MACERACIÓN: 8 h

1. Cortar las ciruelas secas a trocitos y mezclarlas con el zumo de naranja. Dejar reposar por lo menos 8 horas o durante toda la noche.
2. Pelar el plátano y cortarlo por la mitad. Pasar una mitad por la batidora junto con las ciruelas. Añadir el azúcar de vainilla y condimentar la *mousse* con canela y clavo.
3. Abrir los panecillos por la mitad. Untarlos con queso fresco y abundante *mousse* de ciruelas. Cortar el resto del plátano a rodajas y repartirlas por encima. Añadir los pistachos.

SUGERENCIA

Emplee solamente zumo de naranja natural 100 %. El néctar de naranja contiene demasiada agua y azúcar, pero menos vitaminas que el zumo natural.

Valores nutritivos por ración:

395 kcal • **12 g** proteínas • **7 g** grasas • **68 g** carbohidratos • **10 g** fibra

Sandwich de jamón con fruta

INGREDIENTES PARA 2 PERSONAS

4 hojas de achicoria pequeñas

6 tostadas de pan integral

4 cucharadas de queso fresco (5 % de materia grasa)

4 lonchas de jamón cocido

1 kiwi

curry suave en polvo

PREPARACIÓN: 10 minutos

1. Lavar la achicoria y escurrirla por centrifugado. Tostar las rebanadas de pan. Untar 4 tostadas con queso fresco. Cubrir cada una con una hoja de achicoria y 1 loncha de jamón.

2. Pelar el plátano y el kiwi y cortarlos a rodajas. Repartir la fruta sobre el jamón. Espolvorear con el curry.

3. Colocar dos de estas tostadas una encima de otra y cubrir con una tostada sin nada.

VARIANTE

Si lo desea, puede sustituir el jamón por lonchas de *mozzarella*.

Valores nutritivos por ración:

270 kcal • **12 g** proteínas • **5 g** grasas • **43 g** carbohidratos • **6 g** fibra

Bocadillo de pavo con mango

INGREDIENTES PARA 4 PERSONAS

400 g de filetes de pechuga de pavo

sal iodada, pimienta

2 cucharadas de aceite de oliva

1 cabeza de lechuga romana pequeña

1 mango (600 g)

200 g de queso fresco (5 % de materia grasa)

1 cucharada de jengibre recién picado

100 g de pasas

40 g de almendras picadas

4 panecillos de *baguette*

PREPARACIÓN: 15 minutos

1. Lavar el pavo, escurrirlo y sazonarlo con sal y pimienta. Calentar el aceite en una sartén con recubrimiento de teflón y dorar el pavo durante 2 minutos por cada lado. Sacarlo del fuego y cortarlo a lonchas de unos 5 mm de grosor.

2. Trocear la lechuga, lavarla y secarla por centrifugado. Pelar el mango, sacar el hueso y cortar la pulpa a rodajas de unos 5 mm de grosor. Mezclar 150 g de queso fresco con jengibre, pasas y almendras.

3. Abrir los panecillos por la mitad. Untar las mitades con 50 g de queso fresco. Cubrir las partes inferiores con hojas de lechuga y rodajas de pavo y de mango. Repartir la crema de queso fresco por encima y tapar los panecillos.

Valores nutritivos por ración:

560 kcal • **38 g** proteínas • **15 g** grasas • **65 g** carbohidratos • **7 g** fibra

Baguette con tomate y atún

INGREDIENTES PARA 2 PERSONAS

1 pimiento rojo
3 tomates (200 g)
50 g de atún de lata
1 cucharadita de aceite de oliva
2 dientes de ajo
sal iodada, pimienta
2 panecillos de *baguette* grandes
1 manojo de albahaca

PREPARACIÓN: unos 10 minutos

1. Lavar el pimiento, cortarlo por la mitad, limpiarlo y cortarlo a tiras anchas.

2. Cortar los tallos de los tomates. Escaldarlos brevemente, pelarlos y cortarlos a taquitos. Escurrir el atún y chafarlo con un tenedor.

3. Calentar el aceite. Pelar los dientes de ajo y exprimirlos sobre el aceite. Añadir los trocitos de tomate y sofreír a fuego medio durante 3 minutos. Añadir el atún y calentar durante 2 minutos más. Sazonar la salsa con sal y pimienta.

4. Abrir los panecillos por la mitad. Untar la parte inferior con la salsa de tomate y atún, cubrir con las tiras de pimiento. Lavar y escurrir la albahaca. Colocar las hojitas sobre el pimiento. Tapar los panecillos.

VARIANTE

En vez del tomate se puede sofreír un calabacín cortado a taquitos. El atún se puede sustituir por 50 g de salmón ahumado cortado a tiras finas. Éste sólo se pasa por la sartén durante 1 minuto.

Valores nutritivos por ración:

295 kcal • **14 g** proteínas • **5 g** grasas • **48 g** carbohidratos • **6 g** fibra

Pan con jamón y pimiento

INGREDIENTES PARA 2 PERSONAS

1 pimiento amarillo grande
4 cebollas de primavera
2 dientes de ajo
1 cucharada de aceite de oliva
sal iodada, pimienta
2 rebanadas grandes de pan integral
2 cucharadas de queso fresco (5 % de materia grasa)
150 g de jamón cocido
1/2 manojo de perejil

PREPARACIÓN: 15 minutos

1. Lavar el pimiento, cortarlo por la mitad, limpiarlo y cortarlo a tiras finas. Lavar las cebollas de primavera, limpiarlas y cortarlas a aros. Pelar el ajo y picarlo bien.

2. Calentar el aceite. Sofreír las tiras de pimiento, las cebollas de primavera y el ajo durante 2 minutos. Sazonar con sal y pimienta, dejar enfriar.

3. Untar el pan con queso fresco y cubrirlo con jamón. Repartir las verduras por encima. Lavar el perejil, escurrirlo bien, picarlo y esparcirlo sobre las rebanadas.

VITAMINAS

Los pimientos rojos y amarillos contienen mucha más vitamina C que los verdes, porque están completamente maduros.

Valores nutritivos por ración:

320 kcal • **23 g** proteínas • **10 g** grasas • **33 g** carbohidratos • **10 g** fibra

Crema de maíz

INGREDIENTES PARA 2 PERSONAS

200 g de granos de maíz (de lata)

100 g de queso fresco (5 % de materia grasa)

1 cajita de berros

sal iodada, pimienta

PREPARACIÓN: 15 minutos

1. Lavar el maíz con agua fría y dejarlo escurrir. Pasar por la batidora junto con el queso fresco hasta obtener una masa cremosa.
2. Lavar los berros y escurrirlos bien. Picarlos y mezclarlos con la crema de maíz. Sazonar con sal y pimienta.

VARIANTE

Para obtener una excelente crema de tomate, sustituya el maíz por 200 g de tomate troceado y mézclelo con el queso fresco.

Valores nutritivos por ración:

125 kcal • **9 g** proteínas • **4 g** grasas • **14 g** carbohidratos • **3 g** fibra

Crema de lentejas y nueces para untar

INGREDIENTES PARA 2 PERSONAS

8 cucharadas de lentejas rojas (80 g)

300 ml de caldo de verdura

3 cebollas

2 dientes de ajo

4 cucharadas de nueces molidas

2 cucharadas de vinagre de manzana

sal iodada

PREPARACIÓN: 20 minutos

1. Llevar a ebullición las lentejas con el caldo de verdura. Dejarlas hervir durante unos 15 minutos hasta que se ablanden. Remover de vez en cuando.

2. Pelar las cebollas y el ajo, picarlos bien. Mezclar con las nueces y las lentejas, y pasarlo todo por la batidora hasta obtener un puré cremoso. Sazonar la crema con sal y vinagre.

SUGERENCIA

Prepare el doble de cantidad de esta crema para untar. Guardada en un frasco con tapa de rosca se puede conservar en la nevera durante 1 semana.

Valores nutritivos por ración:

150 kcal • **8 g** proteínas • **6 g** grasas • **14 g** carbohidratos • **4 g** fibra

Crema de patata

INGREDIENTES PARA 4 PERSONAS

300 g de patatas harinosas para cocer

sal iodada

1 cebolla

1 zanahoria (125 g)

1 cucharada de aceite de oliva

1 cucharada de ajvar (puré de pimiento)

pimienta, nuez moscada

PREPARACIÓN: 40 minutos

1. Lavar las patatas y hervirlas en agua salada durante 30 minutos con la olla tapada.

2. Pelar la cebolla y picarla bien. Lavar la zanahoria, pelarla y cortarla a finas rodajas. Cocerlo todo en agua salada durante 8-10 minutos a fuego lento para que se ablande.

3. Escurrir las patatas, dejar que se enfríen y pelarlas. Pasarlas por una prensa de patatas junto con las verduras. Mezclar la crema con aceite y ajvar. Sazonar con sal, pimienta y nuez moscada.

MULTIUSOS

Esta crema ligeramente picante puede usarse para untar el pan o como dip para pimiento en tiras o dedos de zanahoria o calabacín.

Valores nutritivos por ración:

85 kcal • **2 g** proteínas • **3 g** grasas • **12 g** carbohidratos • **3 g** fibra

Batido de bayas con vainilla

INGREDIENTES PARA 2 VASOS

300 g de bayas variadas (frescas o congeladas)

300 ml de leche desnatada (1,5 % de materia grasa)

2 sobres de azúcar de vainilla

4 cucharadas de copos de manteca

PREPARACIÓN: 5 minutos

1. Lavar bien las bayas, escurrirlas y limpiarlas. Dejar que se atemperen las bayas congeladas. Apartar 2 bayas grandes y bonitas.
2. Pasar por la batidora las bayas con la leche, el azúcar de vainilla y los copos de manteca.
3. Llenar dos copas con la bebida y decorar cada una con una fruta.

SUGERENCIA

Añádale a la leche 2 cucharadas de zumo de grosella espinosa. Así el zumo será más rico en vitaminas y tendrá un sabor más fresco.

Valores nutritivos por ración:

185 kcal • **9 g** proteínas • **5 g** grasas • **39 g** carbohidratos • **9 g** fibra

Batido picante

INGREDIENTES PARA 2 VASOS

1 manojo de cebollino

300 ml de suero de leche

4 cucharadas de copos de manteca

sal iodada, pimienta, tabasco

PREPARACIÓN: 5 minutos

1. Lavar el cebollino, escurrirlo y cortarlo a trocitos. Apartar 1 cucharadita de rollitos. Mezclar el resto con el suero de leche y los copos.
2. Sazonar la bebida con sal, pimienta y tabasco. Repartir en dos copas grandes. Espolvorear cada una con 1/2 cucharadita de rollitos de cebollino.

VARIANTE

Esta bebida acepta muchas variantes. Se puede preparar también con yogur, cuajada o quéfir. Y las hierbas puede elegirlas usted entre las de la temporada.

Valores nutritivos por ración:

70 kcal • **7 g** proteínas • **2 g** grasas • **18 g** carbohidratos • **2 g** fibra

Cóctel de plátano y frutas

INGREDIENTES PARA 2 VASOS

1 plátano

400 ml de zumo de una blanca

50 m g de yogur desnatado (0,1 % de materia grasa)

2 cucharaditas de *mousse* de almendras

PREPARACIÓN: 5 minutos

1. Pelar el plátano y cortarlo a rodajas. Apartar dos rodajas. Mezclar el queso con el zumo de uva, el yogur y la *mousse* de almendras y pasarlo todo por la batidora hasta obtener un puré homogéneo.

2. Repartir el cóctel en dos copas altas y decorar cada una con una rodaja de plátano en el borde.

SUGERENCIA

¿Que usted no tolera la leche ni los productos lácteos? Pues prepárese la bebida con leche o crema de soja (de venta en supermercados y tiendas de dietética).

Valores nutritivos por ración:

230 kcal • **4 g** proteínas • **3 g** grasas • **43 g** carbohidratos • **1 g** fibra

Bebida vital

INGREDIENTES PARA 2 VASOS

3 kiwis

200 ml de zumo de zanahoria

100 ml de zumo de piña

3 cucharadas de copos de manteca

2 cucharadas de *mousse* de almendras

PREPARACIÓN: 5 minutos

1. Pelar los kiwis. Mezclar la fruta con el zumo de zanahoria, el zumo de piña, los copos de manteca y la *mousse* de almendras. Pasarlo todo por la batidora hasta obtener una mezcla homogénea.

2. Verter la bebida en dos vasos largos y servir inmediatamente.

SUGERENCIA

El zumo de zanahoria es muy rico en beta-caroteno liposoluble. Pero el organismo solamente puede asimilarlo si va acompañado de algún lípido. Ese lípido es la *mousse* de almendras.

Valores nutritivos por ración:

170 kcal • **7 g** proteínas • **7 g** grasas • **29 g** carbohidratos • **6 g** fibra

Ensalada de champiñones

INGREDIENTES PARA 2 PERSONAS

100 g de lechuga silvestre
300 g de champiñones
2 cucharadas de zumo de limón
10 rábanos
4 cucharadas de vinagre de manzana
2 cucharadas de aceite de nuez
sal iodada, pimienta
1 manojo de cebollino
2 rebanadas de pan integral

PREPARACIÓN: 20 minutos

1. Lavar bien la lechuga, limpiarla y escurrirla por centrifugado. Limpiar los champiñones en seco y cortarlos a lonchas. Condimentarlos inmediatamente con zumo de limón.
2. Lavar los rábanos, limpiarlos y cortarlos a rodajas. Mezclarlos con la lechuga y los champiñones.
3. Preparar una vinagreta a base de vinagre, aceite sal y pimienta. Lavar el cebollino, escurrirlo y cortarlo a pequeños aros. Condimentar la ensalada con la vinagreta y espolvorear el cebollino. Mezclar con cuidado.
4. Repartir la ensalada en raciones y servir acompañada de una rebanada de pan.

SUGERENCIA

Esta ensalada es ideal para el invierno. Los champiñones aportan la vitamina D que el organismo sólo puede sintetizar cuando está expuesto al sol, por lo tanto, es una vitamina escasa en invierno. En los meses fríos se pueden sustituir los rábanos por pepinillos.

VARIANTE

Para condimentar la ensalada, prepare una vinagreta a base de 3 cucharadas de aceite de oliva, 3 cucharadas de vinagre aromático, 1 diente de ajo bien picado, sal y pimienta. Vierta la vinagreta sobre 100 g de lechuga. Mezcle bien y espolvoree la ensalada con 1 cucharada de piñones tostados y parmesano rallado.

Valores nutritivos por ración:

215 kcal • **9 g** proteínas • **11 g** grasas • **20 g** carbohidratos • **10 g** fibra

Ensalada de lechuga con tomate

INGREDIENTES PARA 2 PERSONAS

1 lechuga romana
2 tomates
1 cucharada de zumo de limón
1 cucharada de aceite de oliva
sal iodada, pimienta
50 g de queso de oveja
30 g de queso fresco (5 % de materia grasa)
1 diente de ajo pequeño
pimienta de Cayena
4 rebanadas de pan integral tostado

PREPARACIÓN: 20 minutos

1. Lavar la lechuga, trocearla y escurrirla por centrifugación. Lavar los tomates y limpiarlos. Cortarlos a trocitos y mezclarlos con la lechuga.

2. Preparar una vinagreta a base de zumo de limón, aceite, sal y pimienta, verterla sobre la lechuga.

3. Mezclar el queso de oveja con el queso fresco. Pelar el diente de ajo y exprimirlo. Condimentar la masa de queso con sal y pimienta de Cayena. Tomar porciones con dos cucharitas y colocarlas sobre la ensalada. Tostar las rebanadas y servirlas junto con la ensalada.

BIEN ENVASADA

¿Quiere llevarse la ensalada al trabajo? Entonces mezcle el queso de oveja con 50 g de yogur desnatado y la vinagreta en vez de con el queso fresco. La salsa y la ensalada se pueden llevar bien en envases herméticos. Añadir la salsa poco antes de servir.

Valores nutritivos por ración:

245 kcal • **11 g** proteínas • **12 g** grasas • **21 g** carbohidratos • **4 g** fibra

Ensalada de arenque ligera

INGREDIENTES PARA 2 PERSONAS

2 filetes de arenque
200 g de patatas
1 remolacha pequeña hervida (150 g)
2 manzanas
2 pepinillos en vinagre
200 g de yogur descremado
1 cucharada de aceite de nuez
sal iodada, pimienta, anís molido
1/2 manojo de cebollino
Preparación: unos 35 minutos

PREPARACIÓN: 35 minutos
TIEMPO DE REPOSO: unas 2 h

1. Dejar los filetes de arenque en remojo durante unas 2 horas, escurrirlos y trocearlos. Lavar las patatas y hervirlas en abundante agua durante 20 minutos. Mantener la olla tapada. Escurrir y dejar que se enfríen.

2. Mientras tanto, escurrir la remolacha y cortarla a tacos. Pelar las manzanas, eliminar el corazón y cuartearlas. Cortarlas a tacos junto con los pepinillos.

3. Mezclar el yogur con aceite. Añadir sal, pimienta y anís. Lavar el cebollino, escurrirlo y cortarlo a rodajitas.

4. Pelar las patatas y cortarlas a tacos. Mezclar el arenque, las patatas, la remolacha, la manzana, el pepinillo, la salsa y el cebollino.

VARIANTE

Las patatas se pueden sustituir por col blanca. Para ello hay que limpiar 1/4 de col y cortar las hojas a tiras. Cocer durante 5 minutos en agua hirviendo con sal. Escurrir bien y mezclar con la ensalada.

Valores nutritivos por ración:

330 kcal • **23 g** proteínas • **10 g** grasas • **35 g** carbohidratos • **6 g** fibra

Ensalada de patatas con hierbas

INGREDIENTES PARA 2 PERSONAS

400 g de patatas para cocer
1 cebolla pequeña (30 g)
1 cucharada de vinagre de manzana
1/2 cucharada de mostaza moderadamente picante
sal iodada, pimienta
50 g de tomates secos en aceite
3 cucharadas de caldo de verduras
1 cabeza de achicoria
1/2 manojo de cebollino
1/2 manojo de albahaca

PREPARACIÓN: uno 45 minutos
TIEMPO DE REPOSO: aprox. 1 h

1. Lavar las patatas y hervirlas tapadas en agua abundante durante unos 25 minutos. Escurrir, dejar enfriar, pelarlas y cortarlas a rodajas.
2. Pelar la cebolla y picarla bien. Mezclar con vinagre y mostaza, sazonar con sal y pimienta.
3. Escurrir los tomates. Recuperar 1 cucharada del aceite. Cortar los tomates a tiras. Mezclar la cucharada de aceite con el caldo de verdura y añadirlo a la salsa de mostaza. Verterla sobre las patatas, mezclar bien y dejar reposar durante aproximadamente una hora.
4. Lavar la achicoria, cortarla a trocitos y escurrirla por centrifugado. Lavar y escurrir el cebollino. Cortarlo a trocitos junto con la albahaca. Esparcir las hierbas y la achicoria sobre las patatas. Sazonar la ensalada con sal y pimienta.

SUGERENCIA

Si no desea servir la ensalada inmediatamente o quiere llevársela al despacho para comerla allí, será mejor que prescinda de la achicoria. Al cabo de un rato tendría un aspecto mustio y poco apetecible.

Valores nutritivos por ración:

240 kcal • **5 g** proteínas • **10 g** grasas • **31 g** carbohidratos • **6 g** fibra

Ensalada de judías blancas

INGREDIENTES PARA 2 PERSONAS

100 g de judías blancas
1 cebolla (40 g)
1/2 manojo de albahaca
1 cucharada de zumo de limón
1 cucharada de vinagre de vino
sal iodada, pimienta
2 cucharadas de aceite de nuez
5 aceitunas negras deshuesadas

PREPARACIÓN: unos 45 minutos
TIEMPO DE MACERACIÓN: 8 h

1. Dejar las judías en remojo durante 8 horas para que se ablanden, o durante toda la noche. Escurrirlas. Hervirlas en agua abundante y cocerlas a fuego lento durante 45 minutos.
2. Pelar la cebolla y cortarla a aros. Cortar la albahaca a trocitos. Mezclar el zumo de limón con vinagre, sal y pimienta. Añadir el aceite, sazonar bien. Añadir los aros de cebolla, la albahaca y las aceitunas.
3. Colar las judías y escurrirlas bien. Mezclarlas con la salsa mientras aún estén calientes.

VARIANTE

Esta ensalada de judías también podría ser una ensalada de tomate: en vez de judías, lave cuatro tomates, quíteles el tallo y córtelos a gajos. El resto se prepara igual.

Valores nutritivos por ración:

270 kcal • **13 g** proteínas • **12 g** grasas • **27 g** carbohidratos • **14 g** fibra

Ensalada de trucha con picatostes

INGREDIENTES PARA 4 PERSONAS

2 rebanadas finas de pan integral

1 lechuga romana (250 g)

3 cucharadas de zumo de limón

sal iodada, pimienta

1 cucharada de aceite de nuez

1/2 manojo de cebollino

150 g de queso fresco (5 % de materia grasa)

1 cucharada de caldo de verdura

1 cucharada de remolacha (de frasco)

4 filetes de trucha ahumada (300 g)

PREPARACIÓN: unos 15 minutos

1. Tostar el pan integral y cortarlo a taquitos.
2. Lavar la lechuga, cortarla a trozos y escurrirla por centrifugación. Mezclar 2 cucharadas de zumo de limón con sal, pimienta y aceite. Mojar la lechuga en esa salsa.
3. Lavar el cebollino, escurrirlo y cortarlo muy fino. Mezclar con queso fresco, caldo, 1 cucharada de zumo de limón y remolacha. Sazonar con sal y pimienta.
4. Servir los filetes de trucha acompañados de la lechuga y la salsa. Añadir los picatostes por encima.

ENSALADA NUTRITIVA

La lechuga romana se diferencia de las demás lechugas por ser muy rica en ácido fólico. Esta vitamina es muy sensible al calor y desempeña funciones vitales en nuestro organismo: ayuda a prevenir los daños del sistema cardiovascular. Es especialmente importante para las mujeres durante las primeras semanas del embarazo.

Valores nutritivos por ración:

215 kcal • **24 g** proteínas • **8 g** grasas • **12 g** carbohidratos • **3 g** fibra

Ensalada de endibias

INGREDIENTES PARA 2 PERSONAS

6 nueces peladas
1 endibia grande (150 g)
1 calabacín pequeño (100 g)
1 tomate grande (100 g)
1/2 manojo de cebollino
4 cucharadas de yogur descremado (0,1 % de materia grasa)
1/2 cucharadita de zumo de limón
2 cucharadas de zumo de manzana
sal iodada, pimienta
2 rebanadas de pan integral tostado

PREPARACIÓN: 15 minutos

1. Picar las nueces y dorarlas en una sartén sin aceite. Lavar las endibias, eliminar las hojas externas y cortar la parte dura. Lavar y limpiar el calabacín. Cortar el calabacín y la endibia a rodajas. Lavar el tomate, quitarle el tallo y cortarlo a octavos.

2. Lavar el cebollino, sacudirlo y cortarlo muy fino. Mezclar con yogur, zumo de limón y zumo de naranja, sazonar con sal y pimienta.

3. Verter la salsa sobre el tomate y las rodajas de endibia y calabacín. Repartir la ensalada en dos platos y esparcir las nueces por encima. Tostar las rebanadas de pan integral y servirlas de acompañamiento.

SUGERENCIA

Es mejor emplear un calabacín demasiado pequeño que uno demasiado grande. Contienen menos agua, pero su aroma es mejor.

Valores nutritivos por ración:

135 kcal • **6 g** proteínas • **5 g** grasas • **16 g** carbohidratos • **3 g** fibra

Ensalada de pasta con salmón ahumado

INGREDIENTES PARA 2 PERSONAS

150 g de espirales
sal iodada
100 g de salmón ahumado
1 calabacín pequeño (75 g)
1/2 manojo de eneldo
1 cucharada de crema para ensalada (producto elaborado)
50 g de queso fresco (5 % de materia grasa)
1 cucharada de rábano rusticano (de frasco)
1 cucharada de vinagre de manzana
pimienta

PREPARACIÓN: unos 20 minutos

1. Hervir la pasta en agua con sal siguiendo las instrucciones del paquete. Colar y dejar que escurra. Esperar a que se enfríe.

2. Cortar el salmón ahumado a tiras finas. Lavar el calabacín, limpiarlo y cortarlo a barritas. Mezclar las tiras de salmón, la pasta y las barritas de calabacín.

3. Lavar el eneldo, sacudirlo y picarlo bien. Mezclar la crema para ensalada con queso fresco, rábano rusticano, vinagre y eneldo. Sazonar con sal y pimienta.

Verter la salsa sobre la ensalada, mezclar bien y dejar reposar 5 minutos.

SUGERENCIA

Si no le gusta el pescado, sustituya el salmón ahumado por un pimiento rojo pequeño. Lávelo, límpielo, córtelo a tiras y escáldelo brevemente. Entonces la salsa puede incluir ajvar (puré de pimiento) en vez de rábano rusticano.

Valores nutritivos por ración:

455 kcal • **27 g** proteínas • **14 g** grasas • **55 g** carbohidratos • **4 g** fibra

Ensalada de apio con fruta

INGREDIENTES PARA 4 PERSONAS

50 g semillas de calabaza
1 apio (400 g)
2 naranjas
1 pera
300 g de yogur desnatado (0,1 % de materia grasa)

PREPARACIÓN: 25 minutos

1. Picar las semillas de calabaza y dorarlas a fuego lento en una sartén sin aceite. Cortar el apio, lavarlo, quitar los hilos más duros y cortarlo a rodajas finas.
2. Pelar bien la naranja y eliminar las pieles blancas. Cortarla a rodajas y recoger 3 cucharadas de jugo. Pelar la pera, cortarla por la mitad y eliminar el corazón. Cortar las dos mitades a gajos y mezclarlos con el apio y las rodajas de naranja.
3. Mezclar el yogur con el zumo de naranja. Verter la salsa sobre la ensalada. Esparcir las semillas de calabaza por encima.

VARIANTE

**Puede sustituir las naranjas y la pera por 1/4 de piña tropical y 1 manzana.
Pelar la piña, eliminar la base y cortarla a rodajas. Pelar la manzana, cortarla por la mitad, eliminar el corazón y cortar las mitades a gajos.**

Valores nutritivos por ración:

160 kcal • **8 g** proteínas • **6 g** grasas • **17 g** carbohidratos • **6 g** fibra

Calabacín y zanahoria

INGREDIENTES PARA 4 PERSONAS

200 g de zanahorias
200 g de calabacín
4 ramitas de romero
4 ramitas de tomillo
100 ml de vino blanco
100 ml de vinagre de vino blanco
1 cucharada de azúcar
2 dientes de ajo
2 cucharadas de aceite de oliva
sal iodada, pimienta
1/2 *baguette* (200 g)

PREPARACIÓN: unos 35 minutos
MARINADO: 2 días

1. Limpiar las zanahorias y pelarlas. Lavar y limpiar el calabacín. Cortarlo todo a barritas.
2. Lavar el romero y el tomillo, secarlos sacudiéndolos. Calentarlos junto con el vino, el vinagre, 150 ml de agua, el azúcar y las verduras.
3. Pelar el diente de ajo y cuartearlo. Mezclarlo con el aceite y añadirlo a las verduras. Cocer la verdura durante 10 minutos tapada a fuego lento. Dejar enfriar un poco y sazonar con sal y pimienta. Mantener tapado y guardarlo en frío durante 2 días. Servir acompañado de la *baguette*.

VARIANTE

También se pueden incluir pimientos, hinojo o berenjenas. Varíe también las hierbas: el pimiento combina bien con la mejorana, el hinojo con el eneldo, y las berenjenas con la menta.

SUGERENCIA

En un frasco hermético, esta verdura se puede conservar en la nevera durante una semana.

Valores nutritivos por ración:

220 kcal • **5 g** proteínas • **6 g** grasas • **32 g** carbohidratos • **4 g** fibra

Sopa de guisantes con perejil

INGREDIENTES PARA 2 PERSONAS

100 ml de leche desnatada (1,5 % de materia grasa)

sal iodada, pimienta, nuez moscada

3 cucharadas de sémola de trigo

1 huevo

1 zanahoria (100 g)

1 raíz de perejil

1 manojo de perejil

1 cucharada de aceite de oliva

500 ml de caldo de verdura

200 g de guisantes congelados

PREPARACIÓN: 30 minutos

1. Poner a hervir la leche y añadirle sal, pimienta y nuez moscada. Verter la sémola y remover hasta que la masa se desprenda del fondo de la olla. Sacar del fuego, añadirle el huevo y remover bien.
2. Limpiar la zanahoria y la raíz de perejil, pelarlos y cortar a taquitos. Lavar el perejil, sacudirlo para que se seque y picarlo muy fino.
3. Calentar el aceite y sofreír los tacos de verduras durante 2 minutos sin dejar de remover. Apagar con el caldo. Añadir los guisantes y sazonar con sal y pimienta. Tapar la sopa y cocerla a fuego lento durante 15 minutos.
4. Tomar porciones de la papilla de sémola con una cucharita y añadirlas a la sopa durante los últimos 10 minutos de cocción. Servir la sopa decorada con perejil.

PROVISIONES

Si lo desea, puede preparar esta sopa en mayor cantidad y luego congelarla. Pero las albondiguillas de sémola hay que hacerlas en el momento y cocerlas en la sopa caliente.

Valores nutritivos por ración:

310 kcal • **20 g** proteínas • **10 g** grasas • **34 g** carbohidratos • **11 g** fibra

Sopa de pepino con salmón

INGREDIENTES PARA 2 PERSONAS

1 pepino para ensalada (500 g)

1 cebolla grande (50 g)

1 cucharada de aceite de oliva

500 ml de caldo de verdura

100 g de salmón ahumado

1 manojo de eneldo

100 g de queso fresco (5 % de materia grasa)

sal iodada, pimienta

PREPARACIÓN: unos 25 minutos

1. Pelar el pepino y cortarlo a rodajas. Pelar la cebolla y cortarla a aros finos.
2. Calentar el aceite y freír la cebolla en él. Añadir el pepino y sofreír a fuego lento durante 5 minutos. Apagar con el caldo y cocer durante 5 minutos. Pasarlo todo por la batidora hasta obtener un puré uniforme.
3. Cortar el salmón ahumado a tiras finas. Lavar el eneldo, sacudirlo para secarlo y picarlo. Mezclar ambos con el queso fresco.
4. Sazonar la sopa con sal y pimienta y dejar que la crema de salmón se deshaga en ella.

VARIANTE

En vez del pepino, puede emplear 400 g de chirivía o de raíz de perejil y sazonar con curry en polvo y perejil picado.

Valores nutritivos por ración:

270 kcal • **21 g** proteínas • **16 g** grasas • **11 g** carbohidratos • **3 g** fibra

Crema de tomate

INGREDIENTES PARA 2 PERSONAS

100 g de cebolla
300 g de tomates
1 calabacín pequeño (100 g)
1 cucharada de aceite de oliva
200 ml de caldo de verdura
50 g de queso fresco (5 % de materia grasa)
5 ramitas de albahaca
sal iodada, pimienta
1 cucharadita de curry en polvo

PREPARACIÓN: 35 minutos

1. Pelar las cebollas y picarlas. Lavar los tomates, quitarles el tallo y cortarlos a tacos. Lavar el calabacín, limpiarlo y cortarlo a taquitos.

2. Calentar el aceite y sofreír la cebolla. Añadir los tacos de tomate y verter el caldo. Tapar y cocer a fuego lento durante 5 minutos. Mezclar la sopa con el queso fresco y pasarlo todo por la batidora.

3. Cocer los tacos de calabacín en la sopa a fuego lento durante 10 minutos, pero sin dejar que llegue a hervir. Cortar la albahaca. Sazonar bien la sopa con sal, pimienta y curry, o decorar con la albahaca.

VARIANTE

La sopa se prepara más rápidamente si se emplea tomate picado (de lata). En ese caso, sustituya el calabacín por granos de maíz (de lata) y caliéntelos brevemente en la sopa.

Valores nutritivos por ración:

135 kcal • 7 g proteínas • 7 g grasas • 10 g carbohidratos • 3 g fibra

Sopa de calabaza

INGREDIENTES PARA 2 PERSONAS

450 g de calabaza
1 zanahoria (100 g)
1 cebolla pequeña (30 g)
1 cucharada de aceite de oliva
400 ml de caldo de pollo
sal iodada, pimienta, clavo molido
1 cucharada de nueces peladas (20 g)
60 g de queso fresco (5 % de materia grasa)

PREPARACIÓN: aprox. 1 h

1. Pelar la calabaza, sacar las semillas y cortar la pulpa a taquitos. Lavar la zanahoria, pelarla y cortarla a finas rodajas. Pelar la cebolla y picarla bien.

2. Calentar el aceite y sofreír la cebolla durante unos 5 minutos. Añadir los tacos de calabaza y las rodajas de zanahoria, remover y guisarlo todo junto durante 3 minutos más. Añadir el caldo y cocer a fuego lento durante 20 minutos.

3. Pasar la sopa por la batidora hasta obtener un puré homogéneo. Sazonar con sal, pimienta y clavo, volver a calentar.

4. Picar las nueces y dorarlas en una sartén con recubrimiento de teflón sin aceite. Repartir la sopa por raciones, añadir un trozo de queso fresco en el centro de cada plato y esparcir las nueces por encima.

SUGERENCIA

Dado que existen innumerables variedades de calabazas, elija para esta sopa aquéllas cuyo aroma le parezca más agradable.

Valores nutritivos por ración:

205 kcal • 8 g proteínas • 13 g grasas • 13 g carbohidratos • 4 g fibra

Sopa de patatas con rúcula

INGREDIENTES PARA 2 PERSONAS

3 g de piñones
200 g de patatas
300 ml de caldo de pollo
1/2 manojo de rúcula
1 diente de ajo
1 cucharada de aceite de oliva
sal iodada, pimienta, nuez moscada

PREPARACIÓN: 25 minutos

1. Tostar los piñones en una sartén con recubrimiento de teflón y sin aceite. Lavar las patatas, pelarlas y cortarlas a tacos. Calentar el caldo y cocer las patatas en él durante 15 minutos.

2. Lavar la rúcula y sacudirla para secarla. Eliminar los tallos duros, picar las hojas. Pelar el ajo y exprimirlo.

3. Pasar por la batidora las patatas con el caldo, el ajo, la mitad de la rúcula y el aceite hasta obtener una crema homogénea. Sazonar la sopa con sal, pimienta y nuez moscada. Decorar con el resto de la rúcula y servir inmediatamente.

SUGERENCIA

Al comprar la rúcula, fíjese en que las hojas tengan un color verde denso y uniforme, y que no sean demasiado pequeñas. Es importante que la rúcula esté fresca y que no tenga zonas húmedas.

Valores nutritivos por ración:

225 kcal • **8 g** proteínas • **13 g** grasas • **18 g** carbohidratos • **4 g** fibra

Potaje de judias multicolor

INGREDIENTES PARA 2 PERSONAS

100 g de judías blancas
100 g de frijoles
400 ml de caldo de verdura
4 ramitas de tomillo
4 ramitas de ajedrea
200 g de judías verdes
1 cebolla grande (50 g)
2 cucharadas de aceite de oliva
3 tomates (250 g)
2 dientes de ajo
3 ramitas de albahaca
sal iodada, pimienta

PREPARACIÓN: 50 minutos
MACERACIÓN: aprox 8 h.

1. Dejar en remojo las judías blancas y los frijoles en agua abundante durante por lo menos 8 horas, o durante toda la noche. Colarlos y escurrirlos. Calentar el caldo. Cocer en él las judías con el tomillo y la ajedrea a fuego lento durante 40 minutos.

2. Lavar las judías verdes, limpiarlas y cortarlas a trocitos. Pelar la cebolla y picarla. calentar el aceite y sofreír la cebolla en él. Añadir las judías verdes y verter 100 ml de agua. Tapar, y guisar a fuego lento durante 10 minutos.

3. Colar las judías blancas y escurrirlas bien. Apartar el tomillo y la ajedrea.

4. Lavar los tomates, quitar los tallos y trocearlos. Mezclarlos con las judías blancas y las verdes. Pelar el ajo y exprimirlo. Cocer la verdura tapada a fuego lento durante otros tres minutos.

5. Cortar finamente la albahaca. Sazonar las judías con sal y pimienta. Esparcir la albahaca.

Valores nutritivos por ración:

235 kcal • **12 g** proteínas • **12 g** grasas • **19 g** carbohidratos • **10 g** fibra

Crema de apio

INGREDIENTES PARA 2 PERSONAS

1/2 apio pequeño (200 g)
1 cucharadita de aceite de oliva
400 ml de caldo de verdura
1/2 cajita de berros
50 g de maíz (en conserva)
50 g de queso fresco (5 % de materia grasa)
sal iodada, pimienta, nuez moscada

PREPARACIÓN: unos 20 minutos

1. Pelar el apio y cortarlo a taquitos. Calentar el aceite y sofreír el apio. Añadir el caldo y cocer durante 10 minutos.
2. Lavar los berros y escurrirlos bien. Cortar las hojitas. Aclarar el maíz con agua fría y escurrirlo. Mezclar la sopa de apio con el queso fresco y la mitad de las hojas de berros y pasarlo todo por la batidora. Añadir los granos de maíz.
3. Volver a calentar la sopa, pero sin que llegue a hervir. Condimentar con sal, pimienta y nuez moscada. Decorar con las hojas de berros restantes.

SUGERENCIA

En las tiendas de alimentos biológicos se suelen encontrar apios pequeños e ideales para un consumo reducido.
El apio que no necesite puede envolverlo en papel de periódico y guardarlo en la nevera o en el sótano.
Se conservará fresco durante una semana.

Valores nutritivos por ración:

115 kcal • **8 g** proteínas • **6 g** grasas • **9 g** carbohidratos • **5 g** fibra

Sopa de hinojo

INGREDIENTES PARA 2 PERSONAS

1 pieza de hinojo pequeña (200 g)
50 g de champiñones
1 cebolla (40 g)
1 diente de ajo
1 cucharadita de aceite de oliva
400 ml de caldo de verdura
sal iodada, pimienta
2 cucharadas de piñones
2 rebanadas de pan integral tostado
50 g de queso fresco (5 % de materia grasa)

PREPARACIÓN: 25 minutos

1. Lavar el hinojo. Cortar las hojas y dejarlas de lado. Pelar el bulbo y trocearlo a tacos. Limpiar los champiñones en seco y cortarlos a lonchas. Pelar la cebolla y el ajo, y picarlos.
2. Calentar el aceite y sofreír el ajo y la cebolla. Añadir el hinojo y los champiñones y calentar durante 1 minuto removiendo constantemente. Verter el caldo y cocerlo todo durante 10 minutos a fuego lento. Sazonar con sal y pimienta.
3. Dorar los piñones en una sartén sin aceite. Picar finamente las hojas del hinojo. Tostar las rebanadas de pan. Repartir la sopa en dos platos. Añadir 1 trozo de queso fresco en el centro y decorar con los piñones y las hojas del hinojo. Servir acompañada de una tostada.

MÁS AROMA

Junto con los piñones puede tostar también 1/2 cucharadita de semillas de hinojo y luego esparcirlo todo sobre la sopa.

Valores nutritivos por ración:

220 kcal • **14 g** proteínas • **10 g** grasas • **17 g** carbohidratos • **8 g** fibra

Rollitos de berenjenas
sobre pimiento

INGREDIENTES PARA 2 PERSONAS

2 pimientos rojos
1 cebolla pequeña
2 cucharadas de aceite de oliva
1 berenjena (500 g)
sal iodada
1 diente de ajo
1 manojo de albahaca
1 cucharada de albondiguillas de sémola
1 cucharada de parmesano rallado
100 g de queso fresco (5 % de materia grasa)
pimienta
1 cucharadita de alcaparras
8 mondadientes para sujetar

PREPARACIÓN: 40 minutos

1. Lavar el pimiento, cortarlo por la mitad, limpiarlo y cortarlo a taquitos. Pelar la cebolla y picarla. Calentar 1 cucharadita de aceite y sofreír la cebolla. Añadir el pimiento y sofreír durante 10 minutos a fuego lento.
2. Lavar la berenjena, limpiarla y cortarla longitudinalmente en 8 lonchas (se hace mejor con la máquina de cortar el pan). Dejar las lonchas durante 1 minuto en agua hirviendo. Escurrirlas bien.
3. Pelar el ajo y picarlo. Cortar la albahaca. Calentar 1 cucharadita de aceite en una sartén con recubrimiento de teflón y dorar las albondiguillas de sémola. Mezclar con el parmesano, el queso fresco y la mitad de la albahaca. Sazonar con sal y pimienta.
4. Untar las berenjenas con la crema de hierbas. Enrollarlas y sujetarlas con 1 mondadientes. Calentar 1 cucharada de aceite y freír los rollitos de berenjena durante unos 3 minutos. dejarlos enfriar.
5. Mezclar las alcaparras y el resto de la albahaca con el pimiento. Añadir sal a la salsa y distribuirla en dos platos. Colocar encima los rollitos de berenjena.

VARIANTE

Para hacer rollitos de calabacín, elija un calabacín grueso y corto, y córtelo longitudinalmente a lonchas finas. Páselas unos instantes por agua con sal. Pase por la batidora 50 g de salmón ahumado y 100 g de queso fresco, sazone con un poco de pimienta. Unte las lonchas de calabacín con esta crema. Enróllelas, sujételas con palillos, páselas por la sartén y sirva los rollitos con la salsa de pimiento.

Valores nutritivos por ración:

285 kcal • **13 g** proteínas • **16 g** grasas • **22 g** carbohidratos • **13 g** fibra

Linguine adornados

INGREDIENTES PARA 2 PERSONAS

150 g de zanahorias
1 calabacín pequeño (150 g)
1/2 manojo de cebollino (150 g)
3 cucharadas de almendras peladas
100 g de champiñones
20 g de parmesano
200 g de linguine
sal iodada, pimienta

PREPARACIÓN: 35 minutos

1. Lavar y pelar las zanahorias y el calabacín. Cortarlos a lonchas anchas y finas. Lavar el cebollino, sacudirlo bien y cortarlo a trocitos. Dorar las almendras a fuego lento en una sartén sin aceite.
2. Raspar los champiñones. Limpiarlos y cortarlos a láminas. Rallar el parmesano bien fino.
3. Cocer la pasta al dente en agua con sal siguiendo las instrucciones del paquete. Al final, cocer las tiras de zanahoria y calabacín durante 1 minuto. Colar la pasta y las tiras de verduras y dejar escurrir.
4. Mezclar la pasta y las verduras con cebollino, almendras y champiñones. Dividir en raciones, condimentar con pimienta y espolvorear el parmesano por encima.

GRANO INTEGRAL

Emplee pasta de harina integral. Así obtendrá el doble de fibra y de vitaminas del grupo B que con pasta de harina blanca.

Valores nutritivos por ración:

480 kcal • **21 g** proteínas • **10 g** grasas • **76 g** carbohidratos • **11 g** fibra

Espirales con guisantes

INGREDIENTES PARA 2 PERSONAS

150 g de espirales
sal iodada
1 cebolla
1 diente de ajo
1 cucharada de aceite de oliva
100 ml de caldo de verduras
100 g de queso fresco (5 % de materia grasa)
300 g de guisantes congelados
2 cucharadas de almendras picadas
pimienta

PREPARACIÓN: unos 15 minutos

1. Hervir la pasta *al dente* en agua con sal siguiendo las instrucciones del paquete. Colar y escurrir.
2. Pelar la cebolla y el ajo y picarlos. Calentar el aceite y sofreírlos. Verter el caldo.
3. Mezclar el queso fresco con los guisantes. Llevar a ebullición, tapar y cocer durante 5 minutos a fuego lento. Mezclar la salsa de guisantes con la pasta y las almendras. Sazonar con sal y pimienta.

SUGERENCIA

La salsa de guisantes combina bien con cualquier tipo de pasta cuya forma le permita captar sustancia. Es especialmente agradable con *farfalle*.

Valores nutritivos por ración:

545 kcal • **28 g** proteínas • **15 g** grasas • **74 g** carbohidratos • **14 g** fibra

Lentejas al curry con manzanas

INGREDIENTES PARA 2 PERSONAS

200 g de lentejas puy
50 g de arroz natural
sal iodada
1 naranja
3 cucharadas de pasas (sin sulfatar)
4 ramitas de tomillo (o bien 2 cucharaditas de tomillo seco)
1 manzana
1 cebolla
1 diente de ajo
1 cucharada de aceite de oliva
pimienta, 1 cucharadita de curry en polvo

PREPARACIÓN: 30 minutos
MACERACIÓN: aprox. 8 h

1. Cribar las lentejas, lavarlas y dejarlas en remojo por lo menos 8 horas o durante toda la noche.
2. Verter el arroz en 150 ml de agua con sal hirviendo, tapar y cocer a fuego lento durante 30 minutos.
3. Escaldar la naranja, rallar la piel y exprimir la pulpa. Colar las lentejas. Hervirlas en 400 ml de agua junto con las pasas, el tomillo y la piel de naranja. Cocer durante 10 minutos a fuego lento.
4. Lavar la manzana, cuartearla y eliminar el corazón. Cortar los cuartos a gajos. Pelar la cebolla y el ajo, y picarlos bien.
5. Calentar el aceite. Sofreír la cebolla, el ajo y los gajos de manzana durante 10 minutos. Mezclarlo todo con las lentejas. Condimentar la ensalada de lentejas con vinagre, sal, pimienta y curry en polvo. Servir con el arroz.

SUGERENCIA

No todas las lentejas hay que ablandarlas. Pero entonces necesitan un tiempo de cocción de 30 minutos.

Valores nutritivos por ración:

545 kcal • **27 g** proteínas • **7 g** grasas • **92 g** carbohidratos • **14 g** fibra

Rollos de col china

INGREDIENTES PARA 2 PERSONAS

- 4 albaricoques secos
- 100 g de arroz natural
- sal iodada
- 1 cucharadita de curry suave en polvo
- 1 col china pequeña (200 g)
- 1 huevo
- 5 cucharadas de caldo de verdura
- grasa para la fuente

PREPARACIÓN: 45 minutos
HORNEADO: 30 minutos

1. Cortar los albaricoques a trozos muy pequeños. Verter el arroz en 350 ml de agua hirviendo con sal. Mezclar los albaricoques con el curry en polvo y cocer a fuego lento durante 40 minutos.
2. Precalentar el horno. Engrasar una fuente. Lavar la col china. Desprender cuidadosamente 6 hojas grandes y escaldarlas brevemente en agua hirviendo. Escurrirlas bien y extenderlas sobre la superficie de trabajo. Cortar el resto de la col a tiras.
3. Batir le huevo. Mezclarlo con el arroz y las tiras de col. Esparcir esta masa sobre las hojas de col. Enrollar las hojas y colocarlas en la fuente.
4. Verter caldo sobre los rollos y colocar la fuente en el horno a 200 °C. Hornear durante unos 30 minutos.

SUGERENCIA

Colocar los rollos en la fuente unos junto a los otros, con la unión de la hoja hacia abajo o sujeta con mondadientes.

Valores nutritivos por ración:

270 kcal • **9 g** proteínas • **4 g** grasas • **48 g** carbohidratos • **5 g** fibra

Col rizada con verduras y arroz con hierbas

INGREDIENTES PARA 2 PERSONAS

- 100 g de arroz natural
- sal iodada
- 250 g de hojas de col rizada
- 1 puerro pequeño
- 1 cebolla pequeña
- 1 cucharada de aceite de oliva
- 100 ml de zumo de tomate
- pimienta, 1/2 cucharadita de curry suave en polvo
- 1 manojo de cebollino
- 4 cucharadas de queso tierno (magro)

PREPARACIÓN: unos 40 minutos

1. Verter el arroz en 350 ml de agua con sal hirviendo y cocer tapado a fuego lento durante 30 minutos.
2. Lavar las hojas de col rizada, escurrirlas y cortarlas a tiras finas. Limpiar el puerro, eliminar las hojas. Cortar el tallo longitudinalmente, lavarlo bien y cortarlo a rodajas. Pelar la cebolla y picarla bien.
3. Calentar el aceite y sofreír en él el puerro y la cebolla sin dejar de remover. Añadir las tiras de col rizada y sofreír 1 minuto. Verter el zumo de tomate. Cocer tapado durante 5 minutos a fuego lento. Condimentar las verduras con pimienta y curry en polvo.
4. Lavar el cebollino, sacudirle el agua y cortarlo finamente. Mezclar una mitad con el arroz y la otra con el queso. Servir la verdura con el arroz y la crema de cebollino.

SUGERENCIA

También puede emplear las hojas del puerro, pero entonces el tiempo de cocción se prolonga 11 minutos más. Las hojas dan un sabor más picante a la verdura.

Valores nutritivos por ración:

310 kcal • **15 g** proteínas • **8 g** grasas • **44 g** carbohidratos • **6 g** fibra

Pimientos rellenos
de millo

INGREDIENTES PARA 2 PERSONAS

1 pimiento verde grande
2 pimientos rojos grandes
3 cebollas de primavera
1 cucharada de aceite de oliva
2 dientes de ajo
100 g de millo
500 ml de caldo de verdura
75 g de *mozzarella*
1 manojo de albahaca
sal iodada, pimienta
50 g de queso fresco (5 % de materia grasa)
1 cucharada de ajvar (puré de pimiento)
grasa para la fuente

PREPARACIÓN: 40 minutos
HORNEADO: 40 minutos

1. Lavar los pimientos, cortarlos por la mitad y limpiarlos. Cortar el pimiento verde a taquitos, dejar el rojo a un lado.
2. Lavar las cebollas de primavera, limpiarlas, cortarlas muy finas. Calentar el aceite. Pelar el ajo y exprimirlo en la sartén. Sofreír las cebollas de primavera y los taquitos de pimiento durante 2 minutos sin dejar de remover. Añadir el millo y verter 400 ml de caldo. Guisar a fuego lento durante 25 minutos.
3. Precalentar el horno. Engrasar una fuente. Cortar la *mozzarella* a taquitos. Cortar las hojas de albahaca en trozos muy pequeños.
4. Añadir los taquitos de *mozzarella* y la mitad de la albahaca a la mezcla de millo y pimiento. Condimentar con sal y pimienta. Rellenar las mitades del pimiento rojo con el millo y colocarlas en la fuente de aluminio. Hornear a 200 °C durante unos 40 minutos.
5. Batir 100 ml de caldo con queso fresco y ajvar. Cocer a fuego lento durante 5 minutos removiendo con frecuencia. Condimentar la salsa con sal y pimienta y añadirle el resto de la albahaca. Verter sobre los pimientos rellenos.

VARIANTE

Para preparar tomates rellenos, tomar 4 tomates grandes y cortarles la tapa. Vaciar la pulpa y cortarla a taquitos. Sofreír con ajo y cebollas de primavera. Añadir millo y caldo, y preparar el relleno del modo descrito. Rellenar los tomates con la mezcla de millo y colocar en el horno a 200 °C durante 25 minutos.
En vez de *mozzarella* también se pueden usar 40 g de gouda rallado.

SUGERENCIA

Los pimientos rellenos también son una excelente guarnición para acompañar un pescado. Pero para 2 personas basta con la mitad de esta cantidad.

Valores nutritivos por ración:

455 kcal • **23 g** proteínas • **17 g** grasas • **50 g** carbohidratos • **15 g** fibra

Calabacín al horno con perejil

INGREDIENTES PARA 2 PERSONAS

2 calabacines (400 g)

2 patatas (200 g)

100 g de champiñones

1 manojo de perejil

sal iodada, pimienta, nuez moscada

100 ml de leche desnatada (1,5 % de materia grasa)

2 cucharadas de ajvar (puré de pimiento)

1 diente de ajo

grasa para la fuente

PREPARACIÓN: unos 20 minutos

HORNEADO: 45 minutos

1. Lavar los calabacines, limpiarlos y cortarlos a rodajas. Lavar las patatas, pelarlas y cortarlas a rodajas muy finas. Limpiar los champiñones en seco, lavarlos y cortarlos a lonchas. Lavar el perejil, sacudirlo para secarlo y picar bien las hojas.
2. Precalentar el horno. Engrasar una fuente. Colocar por capas las rodajas de calabacín, de patata y de champiñones. Condimentar cada capa con sal, pimienta y nuez moscada, y espolvorearla con perejil.
3. Batir la leche con el ajvar. Pelar el ajo y exprimirlo encima. Verter la leche con ajvar sobre las verduras. Colocar la fuente en el horno y hornear a 200 °C durante 45 minutos.

Valores nutritivos por ración:

150 kcal • 8 g proteínas • 4 g grasas • 21 g carbohidratos • 6 g fibra

Berenjenas en hojas al horno

INGREDIENTES PARA 2 PERSONAS

2 berenjenas pequeñas

8 cucharadas de ajvar (puré de pimiento)

6 tomates grandes

1 manojo de albahaca

2 dientes de ajo

2 cucharadas de aceite de oliva

sal iodada, pimienta

PREPARACIÓN: 15 minutos

HORNEADO: aprox. 1 h

1. Lavar las berenjenas, limpiarlas y cortarlas longitudinalmente varias veces hasta su base. Untar los planos de corte con ajvar. Colocar las berenjenas en una fuente grande. Precalentar el horno.
2. Lavar los tomates, cortar los tallos y la carne a rodajas. Lavar la albahaca. Colocar las rodajas de tomate y las hojitas de albahaca en los cortes de las berenjenas.
3. Pelar el ajo y exprimirlo en el aceite. Mezclar y sazonar bien con sal y pimienta. Untar las berenjenas con el aceite mediante un pincel y hornearlas a 200 °C durante aproximadamente 1 hora.

VARIANTE

Unte con el puré de pimiento dos rebanadas de pan bien finas y córtelas en 3-4 tiras. Colóquelas en los cortes de la berenjena junto con el tomate.

Valores nutritivos por ración:

180 kcal • 5 g proteínas • 12 g grasas • 14 g carbohidratos • 9 g fibra

Soufflé de patatas con puerro

INGREDIENTES PARA 2 PERSONAS (2 FUENTES DE 15 cm DE Ø)

- 250 g de puerro
- 1 cebolla
- 1 diente de ajo
- 1 cucharada de aceite de oliva
- 300 g de patas harinosas para cocer
- 1 manzana grande
- 1 huevo
- sal, pimienta, nuez moscada
- 1/2 manojo de cebollino
- 50 ml de caldo de verduras
- 100 g de queso fresco (5 % de materia grasa)

PREPARACIÓN: 30 minutos
HORNEADO: aprox. 30 minutos

1. Limpiar el puerro, cortarlo longitudinalmente, lavarlo bien y cortarlo a rodajas finas. Pelar la cebolla y el ajo, picarlos bien.

2. Calentar el aceite. Sofreír el puerro, la cebolla y el ajo. Dejar enfriar. Precalentar el horno.

3. Lavar las patatas y pelarlas. Pelar la manzana y extraer el corazón. Rallar la manzana y las patatas. Mezclar. Separar el huevo y mezclar la yema con la mezcla de patata y manzana y la masa de puerro. Condimentar con sal, pimienta y nuez moscada. Batir la clara hasta montarla.

4. Repartir la masa de patata y puerro en las dos fuentes. Hornear a 180 °C durante 30 minutos.

5. Lavar el cebollino, sacudirlo para que se seque y cortarlo a rollitos. Mezclarlo bien con el caldo y el queso fresco y pasar por la batidora. Condimentar con sal, pimienta y nuez moscada, y servir acompañando al *soufflé*.

Valores nutritivos por ración:

325 kcal • **16 g** proteínas • **12 g** grasas • **36 g** carbohidratos • **8 g** fibra

Lasaña de verdura

INGREDIENTES PARA 4 PERSONAS (1 FUENTE DE 2,5 l DE CAPACIDAD)

- 450 g de espinacas congeladas
- 1 pimiento rojo, 1 pimiento amarillo y 1 pimiento verde
- 1 calabacín grande (300 g)
- 1 guindilla roja seca
- 1 cucharada de aceite de oliva
- sal iodada, pimienta
- 12 hojas de pasta de lasaña (preparada)
- 200 ml de caldo de verdura
- 200 g de queso fresco (5 % de materia grasa)
- 1 cucharadita de orégano seco
- grasa para la fuente
- papel de aluminio

PREPARACIÓN: 40 minutos
HORNEADO: aprox. 55 minutos

1. Descongelar las espinacas en agua a fuego lento siguiendo las instrucciones del paquete. Dejar escurrir. Lavar los pimientos, cortarlos por la mitad, limpiarlos y cortarlos a taquitos. Cortar la guindilla, quitarle las semillas y picarla bien. Precalentar el horno. Engrasar la fuente.

2. Calentar el aceite. Verter el pimiento y la guindilla y sofreír durante 4 minutos. Condimentar con sal y pimienta. Verter la mitad de la masa en la fuente y cubrirla con 4 hojas de lasaña. Repartir las espinacas por encima y cubrir con otras 4 hojas de lasaña. Añadir el resto de verdura y tapar con 4 hojas de lasaña.

3. Calentar el caldo y cocer el queso fresco en él durante 5 minutos hasta obtener una mezcla cremosa. Condimentar la salsa con orégano, sal y pimienta. Verterla sobre la lasaña. Cubrir la lasaña con papel de aluminio y hornear a 200 °C durante 30 minutos. Retirar el papel de aluminio y dejar la lasaña 25 minutos más para que acabe de hacerse.

Valores nutritivos por ración:

250 kcal • **16 g** proteínas • **7 g** grasas • **29 g** carbohidratos • **11 g** fibra

Brocheta de verduras con millo

INGREDIENTES PARA 2 PERSONAS

1 diente de ajo
8 cucharadas de zumo de limón
1 calabacín pequeño verde
1 calabacín pequeño amarillo
100 g de champiñones
250 ml de caldo de verdura
75 g de millo
2 ramitas de tomillo
3 ramitas de menta
2 cucharadas de aceite de oliva
3 cebollas
200 g de puré de tomate (de lata)
1/2 manojo de cebollino
sal iodada, pimienta, curry en polvo
4 brochetas de madera

PREPARACIÓN: **25 minutos**
MARINADO: **unos 30 minutos**

1. Pelar el ajo y exprimirlo en el zumo de limón. Remover, Lavar los calabacines, limpiarlos y cortarlos a rodajas de 1 cm de grosor. Raspar los champiñones en seco, limpiarlos y cortarlos a tiras. Mojar la verdura con el zumo de limón y dejar reposar durante 30 minutos.
2. Poner a hervir 200 ml de caldo, verter el millo y cocer tapado durante 30 minutos a fuego lento.
3. Lavar el tomillo y la menta, secarlos y picar bien las hojas. Mezclar con aceite y 50 ml de caldo.
4. Pelar las cebollas y cortarlas a octavos. Ensartar las verduras en las brochetas alternándolas con la cebolla. Untar la salsa de hierbas con un pincel. Calentar una sartén con recubrimiento de teflón y dorar las brochetas 5 minutos por cada cara a fuego intenso.
5. Mezclar el puré de tomate con el millo. Acabar de cocer en 3 minutos. Lavar el cebollino, sacudirlo para secarlo y cortarlo finamente. Condimentar la mezcla de tomate y millo con sal, pimienta y curry en polvo. Añadir el cebollino. Servir como guarnición de las brochetas.

Valores nutritivos por ración:

345 kcal • **11 g** proteínas • **13 g** grasas • **43 g** carbohidratos • **10 g** fibra

Rollos de color rizada con tomate

INGREDIENTES PARA 2 PERSONAS

4 hojas grandes de col rizada
2 tomates
4 ramitas de tomillo
1 zanahoria grande (150 g)
40 g de requesón desnatado
2 cucharadas de pan rallado
2 cucharaditas de extracto de tomate
sal iodada, pimienta, tabasco
300 g de patatas

PREPARACIÓN: **unos 35 minutos**
HORNEADO: **30 minutos**

1. Lavar las hojas de col rizada y dejarlas escurrir. Pasarlas brevemente por agua hirviendo. Dejarlas escurrir. Lavar los tomates, quitarles el tallo y cortar la carne a tacos.
2. Precalentar el horno. Lavar el tomillo, sacudirlo para secarlo, picar las hijas. Lavar la zanahoria, pelarla y cortarla a tacos. Mezclar el requesón con el pan rallado, el extracto de tomate, y los trozos de tomate y zanahoria. Condimentar con sal, pimienta y tabasco. Añadir el tomillo.
3. Colocar las hojas de col rizada sobre la superficie de trabajo solapándose de dos en dos. Condimentar con sal y pimienta, y untar con la mezcla de requesón. Enrollar y colocar los rollos en una fuente. Hornear a 180 °C durante unos 30 minutos.
4. Lavar las patatas, pelarlas y hervirlas en poca agua con sal durante 25 minutos a fuego medio. Servir acompañando a los rollos de col rizada.

Valores nutritivos por ración:

205 kcal • **10 g** proteínas • **1 g** grasas • **37 g** carbohidratos • **9 g** fibra

Pizza de patata

con tomate

INGREDIENTES PARA 2 PERSONAS (1 MOLDE DE PIZZA DE 26 cm DE Ø)

300 g de patatas harinosas para cocer
sal iodada, pimienta
150 g de harina integral
1 puerro (250 g)
3 dientes de ajo
1 cucharada de aceite de oliva
300 g de tomates
10 aceitunas verdes deshuesadas
5 ramitas de tomillo
1/2 manojo de albahaca
1 cucharada de orégano seco
100 g de queso de oveja
grasa para el molde

PREPARACIÓN: unos 30 minutos
COCCIÓN: 25 minutos
HORNEADO: 30 minutos

1. Lavar las patatas y cocerlas en agua con sal durante 25 minutos con la olla tapada. Escurrir y dejar que se sequen, pelarlas mientras aún estén calientes y pasarlas por la prensa para puré. Dejar que se enfríe la pasta de patata.

2. Precalentar el horno. Engrasar el molde para la pizza. Condimentar la pasta de patata con sal y pimienta, añadirle la harina y amasar hasta conseguir una masa uniforme. Colocarla en el molde y hacer un pequeño borde. Pinchar la masa varias veces con un tenedor y hornearla durante 15 minutos a 200 °C.

3. Lavar el puerro, quitar las hojas. Cortar el tallo longitudinalmente, lavarlo bien y cortarlo a rodajas. Pelar el ajo y picarlo bien. Calentar el aceite y sofreír ambos a fuego lento durante 10 minutos.

4. Lavar los tomates, quitarles el tallo y cortarlos por la mitad. Vaciar el interior y añadirlo al puerro, trocear la carne a tacos. Cortar las aceitunas a tiras. Lavar el tomillo, sacudirlo para secarlo, y picar las hojitas. Cortar la albahaca finamente.

5. Esparcir la mezcla de puerro, los taquitos de tomate y las tiras de aceitunas sobre la base de la pizza. Condimentar con sal y pimienta y espolvorear con tomillo, albahaca y orégano. Rallar el queso de cabra o esparcirlo sobre la pizza. Acabar de hornear a 200 °C durante 15 minutos.

Valores nutritivos por ración:

570 kcal • **24 g** proteínas • **19 g** grasas • **73 g** carbohidratos • **15 g** fibra

Libritos de pavo con verduras

INGREDIENTES PARA 4 PERSONAS

600 g de patatas
sal iodada
1 pimiento amarillo
1 pimiento verde
2 dientes de ajo
2 cucharadas de aceite de oliva
4 filetes de pavo (de unos 150 g cada uno)
pimienta
50 g de ajvar (puré de pimiento)
1/2 manojo de albahaca
10 aceitunas negras deshuesadas
200 ml de puré de tomate (de lata)
400 ml de caldo de pollo
200 g de queso fresco (5 % de materia grasa)
4 mondadientes para sujetar

PREPARACIÓN: 40 minutos

1. Lavar las patatas, pelarlas, cortarlas por la mitad y cocerlas en poca agua con sal durante 25 minutos. Escurrir.
2. Lavar los pimientos, cortarlos por la mitad, limpiarlos y cortarlos a tiras delgadas. Cortar las tiras por la mitad. Pelar el ajo y picarlo bien. Calentar el aceite en una sartén y sofreír el ajo. Añadir las tiras de pimiento, y de nuevo sofreír sin que se lleguen a ablandar.
3. Pasar el pavo por agua fría, escurrirlo y aplanarlo. Sazonar con sal y pimienta y untar con una fina capa de ajvar. Lavar la albahaca. Cortar las aceitunas a rodajas finas.
4. Colocar la mitad de las tiras de pimiento en el centro de los filetes. Añadir la albahaca y la mitad de las rodajas de aceituna. Doblar los bordes sobre el relleno y sujetar con los mondadientes.
5. Dorar los libritos de pavo en la sartén por ambas caras. Verter encima el caldo y el puré de tomate. Añadir el resto de pimiento y de aceitunas, tapar y guisar a fuego medio durante 10 minutos. Sacar la carne. Añadir el queso fresco a la salsa. Servir los libritos acompañados de las patatas y la salsa.

SUGERENCIA

Hierva las patatas en poca agua con sal. Así se perderán menos minerales y vitaminas hidrosolubles: si el agua salada se evapora demasiado deprisa, añada un poco más.

Valores nutritivos por ración:

440 kcal • **49 g** proteínas • **14 g** grasas • **31 g** carbohidratos • **11 g** fibra

Pollo con zanahorias

INGREDIENTES PARA 2 PERSONAS

250 g de pechugas de pollo fileteadas

1 cebolla

1 diente de ajo

300 g de zanahorias

1 cucharada de aceite de oliva

100 ml de zumo de zanahoria

1/2 manojo de cebollino

2 cucharadas de nueces peladas (20 g)

1 cucharada de almidón alimentario

2 cucharadas de parmesano rallado

PREPARACIÓN: 40 minutos

1. Lavar las pechugas con agua fría, secarlas y cortarlas a tacos. Pelar el ajo y la cebolla y picarlos. Lavar las zanahorias, pelarlas y rallarlas.
2. Calentar el aceite y freír el pollo. Añadir la cebolla, el ajo y la zanahoria rallada. Verter el zumo de zanahoria y guisar a fuego medio durante 10 minutos sin tapar. Añadir más caldo si es necesario.
3. Lavar el cebollino, sacudirlo para secarlo y cortarlo a rollitos.
4. Picar las nueces. Deshacer el almidón en 3 cucharadas de agua. Añadirlo a la carne y cocer brevemente. Añadir a la salsa el cabollino, las nueces y el parmesano. Condimentar las patatas.

SUGERENCIA

Hay que freír bien la carne por ambos lados. Así no se deshará en la salsa.

Valores nutritivos por ración:

230 kcal • **34 g** proteínas • **6 g** grasas • **10 g** carbohidratos • **6 g** fibra

Curry de pavo con puerro

INGREDIENTES PARA 2 PERSONAS

500 g de puerro
1 raíz de perejil (100 g)
300 g de pechuga de pavo en filetes
1 cucharada de zumo de limón
1 cucharada de extracto de tomate
2 cucharadas de salsa de soja
1 diente de ajo
2 cucharadas de aceite de oliva
sal iodada, pimienta
2 cucharadas de nueces peladas (20 g)
papel de aluminio

PREPARACIÓN: unos 30 minutos

1. Limpiar el puerro, cortarlo longitudinalmente y lavarlo bien. Cortar las partes claras a trocitos y las hojas a rodajas muy finas. Limpiar la raíz de perejil, pelarla y cortarla a taquitos.

2. Lavar el pavo con agua fría, secarlo y cortarlo a tiras finas. Mezclar el zumo de limón con el extracto de tomate y la salsa de soja. Pelar el diente de ajo y exprimirlo encima de la mezcla. Verter la marinada sobre las tiras de pavo.

3. Calentar el aceite en una sartén recubierta de teflón y freír las tiras de pavo a fuego intenso durante 2 minutos. Sacarlas del fuego, envolverlas en el papel de aluminio y conservarlas calientes. Verter las verduras en la sartén y sofreír durante 4 minutos removiendo.

4. Añadir a las tiras de pavo y sazonar con sal y pimienta. Esparcir las nueces. Se puede acompañar con arroz Basmati.

Valores nutritivos por ración:

380 kcal • **44 g** proteínas • **19 g** grasas • **9 g** carbohidratos • **7 g** fibra

Filetes de pollo con champiñones

INGREDIENTES PARA 2 PERSONAS

150 g de judías verdes
sal iodada
200 g de filete de pechuga de pollo
pimienta
1 cucharada de aceite de oliva
150 ml de caldo de pollo
50 g de queso fresco (5 % de materia grasa)
200 g de champiñones
1/2 manojo de perejil
papel de aluminio

PREPARACIÓN: 20 minutos

1. Lavar las judías, limpiarlas y trocearlas. Cocerlas en agua con sal a fuego lento durante 12 minutos. Mantener la olla tapada.

2. Lavar el pollo con agua fría, secarlo y sazonarlo con sal y pimienta. Calentar el aceite en una sartén recubierta de teflón y freír el pollo durante unos 5 minutos. Verter el caldo y sazonar con sal y pimienta. Sacar, envolver en papel de aluminio y mantener caliente.

3. Añadir el queso fresco a la mezcla y deshacerlo a fuego lento. Raspar los champiñones en seco, limpiarlos y cortarlos a láminas. Se sofreirán con las judías durante 3 minutos.

4. Lavar el perejil, secarlo y picarlo. Añadir una mitad a las verduras y la otra mitad a la salsa. Repartir las verduras en dos raciones. Cortar el filete por la mitad, colocarlo encima y servir con la salsa y pasta.

SUGERENCIA

Envuelva el pollo en papel de aluminio y manténgalo caliente en el horno a 150 °C.

Valores nutritivos por ración:

300 kcal • **35 g** proteínas • **15 g** grasas • **5 g** carbohidratos • **5 g** fibra

Pechuga de pavo con hierbas

INGREDIENTES PARA 2 PERSONAS

200 g de patatas
1 manojo de perejil
1 cajita de berros
1 cucharadita de almendras picadas
2 cucharadas de zumo de limón
1 diente de ajo
sal iodada, pimienta
4 lonchas de filete de pechuga de pavo (de unos 50 g cada una)
100 ml de caldo de pollo
100 g de queso fresco (5 % de materia grasa)
400 g de hojas de col rizada
nuez moscada

PREPARACIÓN: unos 35 minutos

1. Lavar las patatas y hervirlas tapadas durante 25 minutos.
2. Lavar el perejil y los berros y sacudirlos para secarlos. Picar bien las hojas. Mezclar con las almendras y el zumo de limón. Pelar el diente de ajo y exprimirlo sobre la mezcla. Condimentar con sal y pimienta. Precalentar el horno.
3. Lavar el pollo con agua fría, secarlo y aplanarlo con fuerza. Untar con la pasta de hierbas y colocar las lonchas superpuestas sobre una fuente de aluminio. Hornear a 250 °C durante 10 minutos.
4. Calentar el caldo y mezclar el queso fresco. Lavar la col rizada, esurrirla y cortarla a tiras finas. Cocer en el caldo a fuego lento durante 10 minutos. Condimentar con sal, pimienta y nuez moscada.
5. Colar las patatas, dejar que se sequen, pelarlas y salarlas. Servir el pollo acompañado de la col rizada y las patatas.

Valores nutritivos por ración:

275 kcal • **34 g** proteínas • **6 g** grasas • **20 g** carbohidratos • **9 g** fibra

Estofado con millo al estilo chino

INGREDIENTES PARA 2 PERSONAS

2 cucharadas de aceite de cacahuete
100 g de millo
150 ml de caldo de verdura
200 g de filete de cerdo
1 pimiento rojo pequeño (150 g)
1/2 manojo de cebollas de primavera
1 guindilla roja pequeña
1 mango pequeño (400 g)
2 cucharadas de salsa de soja clara
sal iodada, pimienta, cúrcuma
papel de aluminio

PREPARACIÓN: 30 minutos

1. Calentar el aceite y dorar brevemente el millo sin dejar de remover. Verter el caldo, tapar, llevar a ebullición y cocer a fuego lento durante 25 minutos.
2. Cortar la carne a tacos. Lavar el pimiento, cortarlo por la mitad, limpiarlo, y cortarlo a tacos. Lavar las cebollas de primavera, limpiarlas y cortarlas a trocitos.
3. Cortar la guindilla longitudinalmente, sacar las semillas y picarla muy fina. Pelar el mango. Sacar el hueso y cortar la pulpa a tacos.
4. Calentar 1 cucharada de aceite en una sartén con recubrimiento de teflón y guisar la carne durante 4 minutos removiendo. Sacarla, envolverla en papel de aluminio y conservarla caliente.
5. Añadir las cebollas de primavera al fondo de olla. Añadir la guindilla y el pimiento y cocer a fuego fuerte sin dejar de remover. Condimentar con la salsa de soja. Añadir el millo, el mango y la carne, y calentarlos en la salsa. Condimentar con sal, pimienta y cúrcuma.

Valores nutritivos por ración:

595 kcal • **30 g** proteínas • **19 g** grasas • **73 g** carbohidratos • **10 g** fibra

Estofado de cebollas con tomate al estilo griego

INGREDIENTES PARA 4 PERSONAS

600 g de filete de cerdo
1 naranja
1/4 cucharadita de comino rústico
3 hojas de laurel
4 dientes de ajo
400 g de cebollitas
4 cucharadas de aceite de oliva
150 ml de caldo de carne
50 ml de vinagre aromático
1 ramita de canela
500 g de tomates cherry
1 manojo de perejil
sal iodada, pimienta, azúcar

PREPARACIÓN: 45 minutos

1. Cortar la carne a tacos. Escaldar la naranja. Rallar la piel y exprimir la fruta. Mezclar la piel y el jugo de la naranja con el comino rústico y el laurel. Pelar el diente de ajo y exprimirlo. Verter la marinada sobre la carne y dejar reposar 15 minutos.

2. Pelar las cebollas y cortarlas a cuartos o a octavos, según su tamaño. Sacar la carne de la marinada y secarla con papel de cocina. Calentar el aceite y freír la carne uniformemente. Añadir las cebollas y sofreír brevemente. Verter la marinada. el caldo y el vinagre. Añadir la ramita de canela y cocerlo todo a fuego lento durante 10 minutos.

3. lavar los tomates y cortarlos por la mitad. Añadirlos a la carne y cocer durante 5 minutos. Lavar el perejil, sacudirle el agua y picar las hojas. Sacar la ramita de canela y el laurel. Sazonar el estofado con sal y pimienta. Añadir una pizca de azúcar y espolvorear el perejil. Se puede acompañar con arroz integral.

Valores nutritivos por ración:

305 kcal • **36 g** proteínas • **14 g** grasas • **8 g** carbohidratos • **3 g** fibra

Filetes rellenos

INGREDIENTES PARA 2 PERSONAS

1 cebolla (40 g)
1/2 apio (200 g)
2 cucharadas de aceite de oliva
1 manzana pequeña
2 cdas. de nueces peladas (20 g)
1 ramita de salvia
1 cucharada de pasas
50 g de queso fresco (5 % de materia grasa)
sal iodada, pimienta
500 g bróculi
2 filetes gruesos de cerdo (de unos 200 g cada uno)
100 ml de caldo de pollo
4 mondadientes para sujetar

PREPARACIÓN: 30 minutos

1. Pelar la cebolla y picarla. Limpiar el apio, pelarlo y trocearlo. Calentar 1 cucharada de aceite en una sartén con recubrimiento de teflón. Sofreír la cebolla y el apio.

2. Pelar la manzana, eliminar el corazón y cortarla a palitos. Picar las nueces. Lavar la salvia, sacudirle el agua y cortar finamente las hojas.

3. Mezclar 1 cucharada de nueces con pasas, queso fresco, manzana y salvia. Condimentar con sal y pimienta. mezclar con el apio. Dejar enfriar.

4. Lavar el bróculi, limpiarlo y cortarlo a rosetas. Abrir un corte en los filetes. Sazonar por dentro y por fuera con sal y pimienta. Rellenar con la masa de apio y manzana. Cerrar con los palillos. Calentar 1 cucharada de aceite y freír los filetes durante unos 3 minutos por cada lado. Verter el caldo por encima.

5. Añadir el bróculi al caldo y cocer tapado durante 15 minutos. Sacar las rosetas y espolvorear con 1 cucharada de nueces picadas. Servir de guarnición para la carne. Se puede acompañar de unas patatas.

Valores nutritivos por ración:

505 kcal • **56 g** proteínas • **23 g** grasas • **16 g** carbohidratos • **11 g** fibra

Ragú de cerdo aromático

INGREDIENTES PARA 2 PERSONAS

200 g de maíz (de lata)
300 g de solomillo de cerdo
1 cucharada de aceite de oliva
sal iodada, pimienta
pimienta de Cayena
100 g de cebollas de primavera
1 calabacín pequeño (100 g)
1 manzana
1/2 cucharadita de curry suave en polvo
100 ml de zumo de naranja
100 g de queso fresco (5 % de materia grasa)

PREPARACIÓN: 25 minutos

1. Aclarar el maíz con agua fría y dejarlo escurrir. Cortar la carne a tacos. Calentar el aceite y freír la carne uniformemente. Condimentar con sal, pimienta y pimienta de Cayena.

2. Lavar y limpiar las cebollas de primavera y el calabacín. Cortar las cebollas de primavera a rodajitas y el calabacín a rodajas. Pelar la manzana, cuartearla y eliminar el corazón. Cortar los cuartos en pedacitos.

3. Mezclar las verduras y los trozos de manzana con la carne. Espolvorear con el curry, tapar y guisar a fuego lento durante 5 minutos. Mezclar el zumo de manzana con el queso fresco. Verter sobre el ragú y cocer 10 minutos más.

4. Calentar brevemente el maíz en un poco de agua con sal. Servir junto con el ragú.

VARIANTE

El ragú también es excelente con champiñones en vez de manzana. Y si prefiere un sabor más afrutado, añádale unos trozos de piña.

Valores nutritivos por ración:

465 kcal • **42 g** proteínas • **18 g** grasas • **32 g** carbohidratos • **5 g** fibra

Brochetas de champiñones y *risotto*

INGREDIENTES PARA 2 PERSONAS

1 pimiento rojo pequeño
1 cebolla
2 cucharadas de aceite de oliva
100 g de arroz integral
2 cucharadas de ajvar (puré de pimiento)
250 ml de caldo de verdura
200 g de champiñones pequeños
8 tomates cherry
200 g de filete de cerdo
3 ramitas de salvia
sal iodada, pimienta
4 brochetas de madera

PREPARACIÓN: unos 45 minutos

1. Lavar el pimiento, cortarlo por la mitad, limpiarlo y trocearlo. Pelar la cebolla y picarla bien.

2. Calentar 1 cucharada de aceite y sofreír el pimiento y la cebolla. Añadir el arroz y calentarlo a fuego medio durante 1 minuto. Mezclar el ajvar y verter el caldo. Cocer el arroz tapado a fuego lento durante 30 minutos.

3. Frotar los champiñones en seco y limpiarlos. Lavar los tomates. Cortar la carne a tacos grandes. Lavar la salvia, sacudirla y secarla.

4. Ensartar las setas, los tomates, la carne y la salvia en las brochetas alternando. Calentar 1 cucharada de aceite en una sartén con recubrimiento de teflón y asar las brochetas a fuego medio durante unos 8 minutos. Condimentar con sal y pimienta y acompañar con el *risotto* de pimiento.

SUGERENCIA

Corte los pinchos de madera al tamaño de la sartén para que se apoyen planos sobre ésta.

Valores nutritivos por ración:

470 kcal • **32 g** proteínas • **19 g** grasas • **45 g** carbohidratos • **7 g** fibra

Carne de ternera con arroz a la albahaca

INGREDIENTES PARA 2 PERSONAS

1 cebolla
2 cucharadas de aceite de oliva
250 ml de caldo de ternera (de frasco, o caldo de carne)
50 g de arroz para *risotto*
1 manojo de albahaca
1 cucharada de parmesano rallado
1 pimiento
2 chuletas magras de ternera (de unos 300 g)
sal iodada, pimienta

PREPARACIÓN: 30 minutos

1. Pelar la cebolla y picarla. Calentar 1 cucharada de aceite y sofreír la cebolla. Calentar 150 ml de caldo. Mezclar el arroz con la cebolla, remover y dorarlo un poco. Verter lentamente el caldo caliente. Cocer el arroz tapado a fuego lento durante 15 minutos.

2. Cortar finamente la albahaca. Mezclar la mitad del parmesano con el arroz. Cocer otros 5 minutos.

3. Lavar el pimiento. Cortarlo por la mitad a trozos grandes y limpiarlo.

4. Cortar la carne a tacos grandes. Calentar 1 cucharada de aceite y freír la carne uniformemente durante 2 minutos. Añadir el pimiento y el resto de la albahaca. Verter 100 ml de caldo, tapar y cocer a fuego lento durante 10 minutos. Servir acompañado del *risotto*.

VARIANTE

En vez del pimiento se pueden emplear tomates maduros, pero a éstos sólo hay que calentarlos brevemente.

Valores nutritivos por ración:

475 kcal • **49 g** proteínas • **19 g** grasas • **26 g** carbohidratos • **5 g** fibra

Bistec con fruta seca

INGREDIENTES PARA 2 PERSONAS

4 patatas
400 g de champiñones
4 ciruelas secas deshuesadas
4 albaricoques secos
300 ml de zumo de uva negra
200 g de filete de ternera (o de cerdo)
pimienta
1 cucharada de aceite de oliva
100 g de queso fresco (5 % de materia grasa)
sal iodada, tomillo
papel de aluminio

PREPARACIÓN: 30 minutos

1. Lavar las patatas y hervirlas en un recipiente tapado durante 25 minutos. Raspar los champiñones en seco, limpiarlos y cortarlos a lonchas. Trocear las ciruela y los albaricoques. Cocerlos en zumo de uva durante 10 minutos en un recipiente tapado. Escurrir y recuperar el líquido.

2. Sazonar la carne con pimienta. Calentar el aceite y freír el filete 3 minutos por cada lado. Sacar del fuego, salarlo, envolverlo en papel de aluminio y mantenerlo caliente.

3. Verter la mitad del zumo de uva sobre el jugo de freír. Añadir los champiñones y la fruta seca. Cocer unos instantes. Añadir el queso fresco y condimentar con sal, pimienta y tomillo. Cocer un poco la salsa a fuego lento.

4. Escurrir las patatas, dejar que se sequen y pelarlas. Salarlas. Servir con la fruta y la carne.

SUGERENCIA

Este plato también resulta muy sabroso con carne de cerdo.

Valores nutritivos por ración:

595 kcal • **47 g** proteínas • **12 g** grasas • **70 g** carbohidratos • **14 g** fibra

Carne de ternera con col rizada

INGREDIENTES PARA 2 PERSONAS

200 g de carne magra de ternera
2 naranjas
2 cucharadas de salsa de soja
500 g de hojas de col rizada
1/2 manojo de cebollas de primavera
1 cucharada de aceite de oliva
1 cucharada de jengibre recién picado
100 ml de caldo de verdura
pimienta, curry suave en polvo

PREPARACIÓN: unos 25 minutos
MARINADO: 30 minutos

1. Cortar la carne a tacos medianos. Exprimir las naranjas. Mezclar unos 200 ml de zumo con la salsa de soja y verter sobre la carne. Dejar reposar por lo menos durante 30 minutos.
2. Lavar la col rizada, escurrirla y cortar a tiras finas. Lavar las cebollas de primavera, limpiarlas y cortarlas con las hojas.
3. Sacar la carne de la marinada y escurrirla. Calentar el aceite en una sartén con recubrimiento de teflón y freír la carne uniformemente. Añadir la col, las cebollas y el jengibre. Sofreír sólo un poco. Verter el caldo y la marinada. Tapar y cocer a fuego lento durante 10 minutos. Condimentar con pimienta y curry en polvo. Se puede acompañar con patatas hervidas.

EVITAR SALPICADURAS

Escurra bien la carne después de marinarla. Así no salpicará al ponerla en el aceite.

Valores nutritivos por ración:

335 kcal • **40 g** proteínas • **10 g** grasas • **19 g** carbohidratos • **8 g** fibra

Ternera con pepino

INGREDIENTES PARA 2 PERSONAS

1 pepino pequeño para ensalada (300 g)
1 cebolla grande (150 g)
200 g de lomo de ternera
1 cucharada de aceite de oliva
50 g de queso fresco (5 % de materia grasa)
1/2 manojo de eneldo
sal iodada, pimienta
1 cucharadita de zumo de limón

PREPARACIÓN: 30 minutos

1. Pelar el pepino y cortarlo a rodajas. Pelar la cebolla y cortarla a gajos grandes. Cortar la carne a tiras.
2. Calentar el aceite y freír la carne. Sacarla. Sofreír los gajos de cebolla. Añadir las rodajas de pepino, remover y sofreír a fuego lento durante 3 minutos. Volver a añadir la carne.
3. Mezclar el queso fresco con el caldo de verdura. Verter sobre la carne y cocer durante unos momentos. Lavar el eneldo, secarlo y picarlo. Añadirlo. Condimentar con sal, pimienta y zumo de limón. Servir con arroz.

VARIANTE

Sustituyendo la carne por berenjena se obtiene un plato completamente vegetariano. Freír las berenjenas, añadir el pepino y sofreír.
En vez de queso fresco y caldo de verduras, añadir 100 ml de puré de tomate (de lata) y cocer poco tiempo. Condimentar con sal y pimienta.

Valores nutritivos por ración:

370 kcal • **38 g** proteínas • **16 g** grasas • **18 g** carbohidratos • **2 g** fibra

Merluza
con tiras de verdura

INGREDIENTES PARA 2 PERSONAS

4 patatas
1 diente de ajo
2 cucharadas de aceite de oliva + 1 cucharadita para el papel de aluminio
1 calabacín (150 g)
1 pimiento rojo pequeño (150 g)
2 filetes de merluza (de 150 g cada uno)
2 cucharadas de zumo de limón
sal iodada, pimienta
1/2 manojo de eneldo
papel de aluminio

PREPARACIÓN: 45 minutos

1. Precalentar el horno. Lavar las patatas, pelarlas, cortarlas por la mitad y colocarlas en la bandeja del horno con el plano de corte hacia arriba. Pelar el ajo, exprimirlo y mezclarlo con 1 cucharada de aceite. Emplear un pincel para untar las patatas con este aceite con ajo. Hornear las patatas a 200 °C durante 30 minutos.

2. Lavar el calabacín y limpiarlo. Lavar el pimiento, cortarlo por la mitad y limpiarlo. Cortar ambos a tiras. Calentar 1 cucharada de aceite y sofreír las tiras de verdura a fuego lento.

3. Extender dos hojas de papel de aluminio (30 × 30 cm) y untar la parte brillante con aceite. Lavar el pescado con agua fría, secarlo y colocarlo sobre el papel de aluminio. Mojar con zumo de limón y condimentar con sal y pimienta. Repartir las verduras por encima.

4. Cerrar cuidadosamente las hojas de papel de aluminio. Colocar los paquetes en el horno junto a las patatas y hornear a 200 °C durante 20 minutos. Lavar el eneldo y secarlo bien. Eliminar los tallos duros y picarlo bien. Abrir los paquetes. Espolvorear el pescado con eneldo y servir acompañado de las patatas.

VARIANTE

También se puede prescindir del horno: corte las patatas a tacos y caliéntelas en poco caldo de verdura junto con tacos de calabacín y de pimiento. Coloque el pescado sobre las verduras y cuézalo todo durante 15 minutos. Así los filetes de pescado se harán suavemente al vapor.

SUGERENCIA

Guisar en papel de aluminio es saludable y ahorra grasa. Pero es importante que la cara mate quede siempre hacia fuera. La brillante refleja más el calor, por lo que se prolongarían los tiempos de cocción, y eso va en detrimento de las vitaminas sensibles al calor.

Valores nutritivos por ración:

400 kcal • **36 g** proteínas • **12 g** grasas • **34 g** carbohidratos • **8 g** fibra

Arenque al horno

INGREDIENTES PARA 2 PERSONAS (1 FUENTE DE ALUMINIO DE 1,5 l DE CAPACIDAD)

200 g de patatas
1 cebolla
5 pepinillos + 5 cucharadas de jugo (del frasco)
100 ml de caldo de verdura
100 g de queso fresco (5 % de materia grasa)
1/2 manojo de eneldo
2 ramitas de tomillo
sal iodada, pimienta
2 filetes grandes de arenque
30 g de parmesano
2 cucharadas de pan rallado
grasa para el molde

PREPARACIÓN: unos 20 minutos
HORNEADO: 40 minutos

1. Lavar las patatas, pelarlas y cortarlas a rodajas muy finas. Pelar la cebolla y cortarla en aros. Cortar los pepinillos a rodajas. Mezclar el caldo y el queso fresco. Añadir las rodajas de patata y de pepinillo y los aros de cebolla.
2. Lavar el eneldo y el tomillo, secarlos y picarlos bien. Añadir a la mezcla de patata, remover y sazonar con sal y pimienta.
3. Precalentar el horno. Verter la mitad de las patatas en la fuente. Lavar el pescado con agua fría, secarlo y salarlo. Colocarlo sobre las patatas y cubrirlo con el resto. Rallar el parmesano, mezclarlo con el pan rallado y espolvorearlo sobre las patatas. Hornear la fuente a 180 °C durante 40 minutos.

SUGERENCIA

Repartir el pescado y las patatas en dos fuentes pequeñas y hornear durante unos 25 minutos.

Valores nutritivos por ración:

400 kcal • **39 g** proteínas • **15 g** grasas • **25 g** carbohidratos • **3 g** fibra

Merluza al horno con puerros

INGREDIENTES PARA 2 PERSONAS (1 FUENTE DE ALUMINIO DE 1,5 l DE CAPACIDAD)

500 g de puerro
2 patatas harinosas para cocer (200 g)
2 manzanas
1 cucharada de vinagre de manzana
300 g de filete de merluza
sal iodada, pimienta
2 cucharadas de zumo de limón
1 cucharadita de alcaparras
1/2 manojo de eneldo
100 ml de zumo de manzana
200 g de requesón desnatado

PREPARACIÓN: unos 20 minutos
HORNEADO: 45 minutos

1. Precalentar el horno. Limpiar el puerro y eliminar las hojas oscuras. Cortar los tallos longitudinalmente, lavarlos y cortar a aros.
2. Lavar las patatas, pelarlas y cortarlas a rodajas muy finas. Pelar la manzana, cuartearla y eliminar el corazón. Cortar los cuartos a gajos. Condimentar con vinagre.
3. Lavar el pescado con agua fría y secarlo. Condimentar con sal, pimienta y zumo de limón. Poner el puerro, las patatas, la manzana y las alcaparras en el molde, colocar el pescado encima.
4. Lavar el eneldo, secarlo y picarlo bien. Mezclarlo con el zumo de manzana y el requesón. Verter esta crema por encima del pescado. Introducir la fuente en el horno y hornear durante 45 minutos a 180 °C.

VARIANTE

Emplee tomates, calabacín y rodajas de berenjena en vez del puerro, las patatas y la manzana. Sustituya el eneldo y el zumo de manzana por albahaca y 50 ml de zumo de tomate.

Valores nutritivos por ración:

420 kcal • **52 g** proteínas • **3 g** grasas • **43 g** carbohidratos • **10 g** fibra

Filetes de trucha con manzana

INGREDIENTES PARA 2 PERSONAS

4 manzanas ácidas pequeñas
2 cucharadas de zumo de limón
100 ml de vinagre de manzana
100 ml de zumo de manzana
10 alcaparras
100 g de requesón desnatado
1 cucharada de rábano rusticano (en conserva)
sal iodada, pimienta
1/2 manojo de cebollino
4 rebanadas de pan integral
300 g de filetes de trucha ahumada

PREPARACIÓN: 35 minutos

1. Lavar las manzanas y extraer el corazón. Cortar 2 manzanas a rodajas. Mezclar zumo de limón, vinagre y 50 ml de zumo de manzana. Verterlo sobre las rodajas de manzana y las alcaparras y dejar reposar.

2. Rallar 2 manzanas. Mezclar con 50 ml de zumo de manzana, requesón y rábano rusticano. Condimentar con sal y pimienta. Lavar el cebollino, secarlo y cortarlo fino. Agregar a la crema de manzana y al rábano rusticano.

3. Tostar las rebanadas de par y untarlas con la crema de manzana y rábano rusticano. Servirlas acompañando la trucha ahumada y la manzana marinada.

Valores nutritivos por ración:

460 kcal • **43 g** proteínas • **8 g** grasas • **51 g** carbohidratos • **5 g** fibra

Tarrina de salmón con queso fresco

INGREDIENTES PARA 4 PERSONAS (1 MOLDE DE 0,5 l DE CAPACIDAD)

2 hojas de gelatina blanca
150 g de salmón ahumado
100 g de requesón desnatado
100 g de queso fresco (5 % de materia grasa)
sal iodada, pimienta blanca
1 cucharada de zumo de limón
1 cucharadita de piel de limon rallada
1/2 manojo de eneldo
film transparente de cocina

PREPARACIÓN: 20 minutos
ENFRIAR: unas 5 horas

1. Ablandar la gelatina. Pasar el salmón, el requesón y el queso fresco por la batidora hasta obtener una crema homogénea. Condimentar con sal, pimienta, zumo de limón y piel de limón. Lavar el eneldo, secarlo y picarlo bien.
2. Deshacer la gelatina mojada a fuego lento. Mezclar bien con 3 cucharadas de la crema de salmón y luego añadir el resto de la crema.
3. Cubrir el molde con *film* transparente. Verter la mitad de la crema de salmón y espolvorear el eneldo. Añadir el resto de la crema. Cubrir y guardar en la nevera durante unas 5 horas.
4. Desmoldear la tarrina y cortar a lonchas. Servir acompañado de ensalada de champiñones (página 40).

VARIANTE

Para obtener una tarrina bicolor, hacer una crema con 75 g de salmón ahumado y otra con 75 g de trucha ahumada, cada una de ellas con 50 g de requesón y otro tanto de queso fresco. Condimentar y mezclar cada una de ellas con la mitad de la gelatina. Verter las cremas en el molde por separado como en el caso anterior.

Valores nutritivos por ración:

155 kcal • **17 g** proteínas • **9 g** grasas • **2 g** carbohidratos • **0 g** fibra

Croquetas de salmón

INGREDIENTES PARA 15 PIEZAS

1 panecillo pequeño
200 ml de caldo de verdura
200 g de filete de salmón marino
1 cebolla pequeña
1 cucharada de queso fresco (5 % de materia grasa)
1 huevo
1 cucharadita de mostaza
1 cucharadita de salsa de soja
sal iodada, pimienta, nuez moscada
pan rallado
1 cucharadas de aceite de oliva

PREPARACIÓN: 30 minutos
ENFRIAR: unos 30 minutos

1. Ablandar el panecillo en el caldo. Lavar el pescado con agua fría, secarlo y trocearlo a tacos. Pelar la cebolla y cortarla a octavos. Chafar bien el pan, mezclarlo con el pescado y la cebolla, y pasarlo todo por la batidora hasta obtener una crema homogénea.
2. Mezclar bien la crema con el queso fresco y el huevo. Condimentar con mostaza, salsa de soja, pimienta y nuez moscada. Dejar reposar en frío durante 30 minutos.
3. Tomar la masa con una cuchara para hacer 15 croquetas, y rebozarlas con pan rallado.
4. Calentar el aceite en una sartén con recubrimiento de teflón y freír las croquetas tapadas a fuego lento durante 15 minutos. Darles la vuelta varias veces. Acompañar con ensalada.

Nährwerte pro Stück:

35 kcal • **3 g** proteínas • **2 g** grasas • **2 g** carbohidratos • **0 g** fibra

Rollos de col rizada con salmón

INGREDIENTES PARA 2 PERSONAS

100 g de arroz integral
400 g de caldo de pescado (envasado)
6 hojas grandes de col rizada
sal iodada, pimienta
1/2 manojo de eneldo
300 g de filete de salmón
1 cucharadita de zumo de limón
1 cucharadita de rábano rusticano (en conserva)
200 g de queso fresco (5 % de materia grasa)
4 mondadientes para sujetar

PREPARACIÓN: unos 35 minutos

1. Llevar 300 ml de caldo de pescado a ebullición, verter el arroz en él, tapar y cocer a fuego lento durante 30 minutos. Lavar la col rizada y dejarla escurrir. Escaldarla y dejarla escurrir. Cortar las nervaduras más gruesas para aplanarlas, sazonar las hojas con sal y pimienta.
2. Lavar el eneldo, secarlo y picarlo bien. Lavar el pescado con agua fría, secarlo y condimentarlo con zumo de limón. Sazonar con sal y pimienta. Pasarlo por la batidora junto con eneldo, rábano rusticano y queso fresco hasta conseguir un puré.
3. Colocar dos grupos de 3 hojas de col una al lado de otra, solapándose. Verter la mitad de la crema de salmón sobre cada uno de ellos, enrollarlas y sujetarlas con los palillos. Cocer los rollos a fuego lento en 100 ml de caldo de pescado durante 15 minutos. Servir acompañados del arroz.

Valores nutritivos por ración:

675 kcal • **50 g** proteínas • **33 g** grasas • **44 g** carbohidratos • **3 g** fibra

Salmón con endibias

INGREDIENTES PARA 2 PERSONAS

300 g de patatas
sal iodada
300 g de filete de salmón marino
3 cucharadas de zumo de limón
1 cucharadita de aceite de oliva
pimienta
400 g de endibias
150 ml de caldo de verdura
1/2 manojo de eneldo
100 g de queso fresco (5 % de materia grasa)
50 ml de zumo de piña

PREPARACIÓN: 30 minutos

1. Lavar las patatas, pelarlas y cortarlas a tacos. Cocerlas tapadas en poca agua con sal a fuego lento durante unos 15 minutos.
2. Lavar el pescado con agua fría, secarlo y añadirle zumo de limón, Calentar el aceite en una sartén con recubrimiento de teflón y freír el pescado a fuego lento durante 3 minutos por cada lado. Sazonar con sal y pimienta.
3. Limpiar la endibia, separar las hojas y lavarlas. Secarlas y cortarlas a tiras. Añadirlas al caldo, tapar y cocerlas a fuego lento durante 5 minutos.
4. Lavar el eneldo y secarlo. Eliminar los tallos duros y picarlo. Mezclar la mitad con queso fresco y zumo de piña. Añadir la crema de queso fresco a las endibias. Condimentarlas con sal y pimienta y repartirlas en dos platos. Colocar el pescado encima. Espolvorear con el resto del eneldo y servir acompañado de las patatas.

Valores nutritivos por ración:

365 kcal • **40 g** proteínas • **7 g** grasas • **34 g** carbohidratos • **6 g** fibra

Mero con costra de sésamo

INGREDIENTES PARA 2 PERSONAS

1 apio pequeño (300 g)
1 manzana pequeña (100 g)
1 pimiento rojo
sal iodada
400 g de filete de mero
2 cucharaditas de zumo de limón
pimienta
2 cucharadas de semillas de sésamo
1 cucharada de aceite de oliva
1 cajita de berros

PREPARACIÓN: 25 minutos

1. Limpiar el apio y pelarlo. Pelar la manzana, cortarla a cuartos y quitar el corazón. Cortarlo todo a tacos. Abrir el pimiento, vaciar las semillas y cortarlo a rodajitas. Hervirlo a fuego lento en agua con sal durante 15 minutos junto con la manzana y el apio.
2. Lavar el pescado con agua fría, secarlo y añadirle zumo de limón. Condimentar con sal y pimienta, y rebozar con sésamo. Calentar el aceite en una sartén con recubrimiento de teflón y freír el pescado durante 3 minutos por cada lado a fuego medio.
3. Lavar los berros y secarlos. Cortar las hojitas y picarlas. Colar la mezcla de manzana y verduras; dejar escurrir. Añadir los berros y servir acompañando el mero.

¿PESCADO FRESCO?

Al hacer la prueba del dedo se nota si un pescado realmente está fresco: apriete el filete unos momentos con la punta del dedo. Si el pescado está fresco, la forma se recupera por sí sóla al cabo de pocos segundos.

Valores nutritivos por ración:

410 kcal • **48 g** proteínas • **19 g** grasas • **11 g** carbohidratos • **9 g** fibra

Arenque con tomate

INGREDIENTES PARA 4 PERSONAS

400 g de tomate picado (de lata)
3 cucharadas de vinagre de manzana
1 cucharada de alcaparras
sal iodada, pimienta
4 arenques grandes
2 cucharadas de zumo de limón
2 manojos de cebollas de primavera
harina
1/2 manojo de albahaca

PREPARACIÓN: unos 25 minutos

1. Mezclar el tomate con vinagre de manzana, alcaparras, sal y pimienta y cocer durante 5 minutos a fuego lento.
2. Lavar los arenques con agua fría, secarlos y añadirles el zumo de limón. Lavar las cebollas de primavera, limpiarlas y cortarlas a aros.
3. Calentar el aceite en una sartén con recubrimiento de teflón y sofreír las cebollas de primavera. Salar los arenques, pasarlos por harina y dorarlos en la sartén.
4. Cortar la albahaca bien fina. Repartir la salsa de tomate en cuatro platos. Colocar los arenques encima y espolvorear con albahaca.

SUGERENCIA

Los arenques hay que salarlos inmediatamente antes de freírlos. Así la sal no absorbe agua y no se resecan.

Valores nutritivos por ración:

360 kcal • **44 g** proteínas • **17 g** grasas • **7 g** carbohidratos • **2 g** fibra

Salmón con pasta e hinojo

INGREDIENTES PARA 2 PERSONAS

1 bulbo de hinojo
1 zanahoria
250 ml de caldo de pescado (envasado)
1 hoja de laurel
150 g de pasta integral roja (o normal)
200 g de filete de salmón
1 cucharada de zumo de limón
pimienta
1 cucharadita de aceite de oliva
1/2 manojo de eneldo
30 g de parmesano

PREPARACIÓN: unos 20 minutos

1. Lavar el hinojo. Cortar las hojas y dejarlas aparte. Pelar el bulbo y cortarlo a tiras finas. Lavar la zanahoria, pelarla y cortarla a rodajas finas. Llevar a ebullición el caldo de pescado con la hoja de laurel. Verter las verduras, tapar y cocer a fuego lento durante 15 minutos.

2. Hervir la pasta *al dente* en agua con sal y siguiendo las instrucciones del paquete.

3. Lavar el pescado con agua fría y secarlo. Añadirle zumo de limón y condimentar con sal y pimienta. Calentar el aceite en una sartén con recubrimiento de teflón y dorar el salmón a fuego lento por ambas caras. Tapar y guisar a fuego lento durante 10 minutos.

4. Lavar el eneldo, secarlo y eliminar los tallos duros. Picarlo bien. Rallar el parmesano. Colar la pasta y escurrirla bien. Condimentar las verduras con sal y pimienta y repartirlas por raciones. Cubrir con el salmón y espolvorear con eneldo. Servir con la pasta y el parmesano.

Valores nutritivos por ración:

660 kcal • **41 g** proteínas • **26 g** grasas • **63 g** carbohidratos • **14 g** fibra

Salmón con *tagliatelle*

INGREDIENTES PARA 2 PERSONAS

150 g de *tagliatelle*
sal iodada
1 pimiento rojo (150 g)
1 cebolla pequeña (30 g)
1 cucharada de aceite de oliva
300 g de filete de salmón marino
1 cucharada de zumo de limón
pimienta
1/2 manojo de albahaca
100 g de queso fresco (5 % de materia grasa)
50 ml de caldo de pescado (envasado)
4 cucharadas de ajvar (puré de pimiento)

PREPARACIÓN: 15 minutos

1. Hervir la pasta *al dente* en agua con sal siguiendo las instrucciones del paquete.

2. Lavar el pimiento, cortarlo por la mitad, limpiarlo y cortarlo a trozos grandes. Pelar la cebolla y picarla. Calentar el aceite en una sartén con recubrimiento de teflón. Sofreír la cebolla y el pimiento a fuego lento durante 5 minutos.

3. Lavar el pescado con agua fría, secarlo y cortarlo a tacos. Añadirle zumo de limón y condimentarlo con sal y pimienta. Colocarlo con la verdura y seguir sofriendo durante 2 minutos.

4. Cortar la albahaca finamente. Batir el queso fresco con el caldo de pescado y el ajvar. Verter en la sartén del pescado y las verduras y calentar a fuego lento, pero sin que llegue a hervir.

5. Colar la pasta, escurrirla. Añadir a la sartén. Condimentar con sal y pimienta. Espolvorear la albahaca.

Valores nutritivos por ración:

525 kcal • **44 g** proteínas • **15 g** grasas • **59 g** carbohidratos • **7 g** fibra

Atún con arroz y pepinillos

INGREDIENTES PARA 2 PERSONAS

1 cebolla
1 diente de ajo
1 cucharada de aceite de oliva
250 ml de caldo de verdura
100 g de arroz integral
200 g de pepinillos (en conserva)
300 g de filete de atún
1 cucharada de zumo de limón
sal iodada, pimienta
1 manojo de eneldo

PREPARACIÓN: 35 minutos

1. Pelar y picar la cebolla y el ajo. Calentar 1 cucharadita de aceite y sofreír la mezcla. Verter el caldo. Añadir el arroz, tapar, y cocer a fuego lento durante 20 minutos.

2. Colar los pepinillos y escurrirlos bien. Cortarlos a trocitos y añadirlos al arroz. Cocer el arroz durante 10 minutos más.

3. Lavar el pescado con agua fría. Añadirle zumo de limón y condimentar con sal y pimienta. Calentar 1 cucharadita de aceite en una sartén con recubrimiento de teflón y freír el pescado a fuego lento unos 4 minutos por cada lado.

4. Lavar el eneldo y secarlo bien. Eliminar los tallos duros y picar el resto. Servir el atún acompañado del arroz con pepinillo. Espolvorear el eneldo.

VARIANTE

El pescado también se puede preparar sin nada de grasa. Para ello, cortar el filete a tacos, colocarlo sobre el arroz, y guisarlo durante 30 minutos.

Valores nutritivos por ración:

640 kcal • **43 g** proteínas • **33 g** grasas • **42 g** carbohidratos • **2 g** fibra

Filete de merluza sobre col blanca

INGREDIENTES PARA 2 PERSONAS

1/4 de col blanca
sal iodada
2 calabacines
2 cucharadas de aceite de oliva
3 cucharadas de zumo de limón
1 cucharadita de orégano seco
1 diente de ajo
pimienta
300 g de filete de merluza
8 mondadientes para sujetar

PREPARACIÓN: 25 minutos
HORNEADO: 20 minutos

1. Lavar la col y quitarle el tallo. Separar 8 hojas grandes, cortar el resto a tiras finas. Pasar las hojas y las tiras por agua salada hirviendo para ablandarlas. Colar y escurrir. Lavar los calabacines, pelarlos y cortarlos a barritas cortas.

2. Batir el aceite con 1 cucharada de zumo de limón y orégano. Pelar el diente de ajo y exprimirlo sobre la mezcla. Condimentar con sal y pimienta. Verter la marinada sobre las verduras; mezclar bien. Precalentar el horno.

3. Lavar el pescado con agua fría, secarlo y cortarlo en 8 trozos. Añadirles 2 cucharadas de zumo de limón. Extender las 8 hojas de col sobre la superficie de trabajo. Colocar 1 trozo de pescado en cada una de ellas y condimentar con sal y pimienta. Repartir las verduras por encima. Enrollar y sujetar con los palillos.

4. Colocar los rollos de col en una fuente. Verter la marinada por encima y hornear unos 20 minutos a 200 °C. Se puede acompañar con patatas al horno.

Valores nutritivos por ración:

315 kcal • **36 g** proteínas • **13 g** grasas • **14 g** carbohidratos • **8 g** fibra

Ratatouille de merluza

INGREDIENTES PARA 2 PERSONAS

300 g de filete de merluza
1 limón
1 berenjena pequeña (250 g)
1 calabacín (150 g)
1 pimiento rojo grande
1 diente de ajo
1/2 manojo de albahaca
1 cucharada de aceite de oliva
1 cucharadita de hierbas de Provenza
sal iodada, pimienta

PREPARACIÓN: unos 35 minutos

1. Lavar el pescado con agua fría y cortarlo a tacos grandes. Escaldar el limón y rallar la cáscara, exprimir la pulpa. Verter el zumo sobre el pescado.
2. Lavar la berenjena y el calabacín, limpiarlos y cortarlos a tacos. Lavar el pimiento, cortarlo por la mitad, limpiarlo y cortarlo a tacos. Pelar el ajo y picarlo. Picar bien la albahaca.
3. Calentar el aceite en una sartén con recubrimiento de teflón y sofreír el ajo. Añadir los tacos de berenjena y de pimiento, y sofreír 5 minutos removiendo. Agregar el calabacín y el pescado, y guisar 10 minutos a fuego lento sin dejar de remover. Condimentar la *ratatouille* con hierbas de Provenza, piel de limón, sal y pimienta. Se puede servir acompañada de arroz integral.

VARIANTE

La *ratatouille* adquiere un sabor más exótico si se emplea mango en vez de berenjena. Para ello, añadir al pescado 1 mango troceado cuando falten 5 minutos para finalizar el tiempo de cocción. Condimentar con curry en polvo y 1 cucharada de jengibre recién picado.

Valores nutritivos por ración:

235 kcal • **34 g** proteínas • **7 g** grasas • **8 g** carbohidratos • **6 g** fibra

Atún con pasta

INGREDIENTES PARA 2 PERSONAS

200 g de *penne*
sal iodada
1 diente de ajo
6 tomates cherry
135 g de atún natural (en lata)
1 cucharada de aceite de oliva
1 cucharadita de alcaparras
2 cucharadas de ajvar (puré de pimiento)
pimienta
30 g de parmesasno
2 cucharadas de perejil picado (opcional)

PREPARACIÓN: 15 minutos

1. Hervir la pasta *al dente* en agua con sal siguiendo las instrucciones del paquete.
2. Pelar el ajo y picarlo bien. Lavar los tomates y cuartearlos. Escurrir el atún y chafarlo con un tenedor.
3. Calentar el aceite y sofreír brevemente el ajo. Añadir los tomates, el atún y las alcaparras. Cocer removiendo a fuego lento durante 5 minutos. Agregar el ajvar y condimentar con sal y pimienta. Rallar el parmesano.
4. Colar la pasta y escurrirla bien, espolvorear con parmesano y perejil, si se desea. Servir con el atún.

SUGERENCIA

El que en algunas latas de atún se indique «pescado sin perjudicar a los delfines» no significa nada dado que no existen controles oficiales. Puede encontrar una lista de las marcas que protegen a los delfines en: www.delphin-schutz.org/dokus/thunfischliste.pdf

Valores nutritivos por ración:

550 kcal • **35 g** proteínas • **14 g** grasas • **72 g** carbohidratos • **6 g** fibra

Requesón crujiente

a la naranja

INGREDIENTES PARA 2 PERSONAS

2 cucharadas de almendras
1 cucharada de nueces peladas
3 cucharadas de copos de avena
2 sobres de azúcar de vainilla
2 naranjas grandes
150 mg de requesón desnatado

PREPARACIÓN: 15 minutos

1. Picar las almendras y las nueces. Tostar la mitad de ellas en una sartén sin aceite junto con los copos de avena hasta dorarlos. Añadir el azúcar de vainilla hasta que caramelice. Dejar enfriar.
2. Pelar bien las naranjas y eliminar todas las pieles blancas. Cortar a gajos y recoger el jugo que salga.
3. Apartar 4 gajos y mezclar el resto con el requesón y el jugo.
4. Repartir la mitad del requesón con naranja en dos bols. Cubrir con los copos tostados. Verter el resto del requesón por encima. Decorar con dos gajos de naranja y añadir el resto de nueces.

CON SALSA DE VAINILLA

Este postre de naranja resulta especialmente sabroso con salsa de vainilla. Para ello hay que poner a hervir 100 ml de leche. Batir 50 ml de leche fría con 1 cucharadita de almidón alimentario y 2 sobres de azúcar de vainilla. Verter en la leche hirviendo y cocer brevemente sin dejar de remover. Si cree que a esta salsa de vainilla sin yema de huevo le falta el color amarillo, añádale a la salsa caliente 1 cucharadita de gelatina de albaricoque.

Valores nutritivos por ración:

385 kcal • **18 g** proteínas • **11 g** grasas • **50 g** carbohidratos • **6 g** fibra

Piña al horno

INGREDIENTES PARA 2 PERSONAS (1 FUENTE PARA HORNO DE 1 l DE CAPACIDAD)

1/2 piña
1 cucharada de pasas
1 cucharada de nueces peladas
150 g de pan integral
1 cucharada de aceite de oliva
1 cucharada de azúcar
canela
1 cucharadita de zumo de limón

PREPARACIÓN: unos 30 minutos
HORNEADO: 20 minutos

1. Precalentar el horno. Cortar la piña por la mitad, pelarla y eliminar el tallo. Trocear bien la pulpa. Mezclar con las pasas.
2. Picar bien las nueces. Rallar el pan o pasarlo por la picadora. Calentar el aceite y tostar las nueces y el pan hasta dorarlos. Mezclar con azúcar, canela y zumo de limón.
3. Esparcir la mitad de esta masa en la fuente. Cubrir con los trocitos de piña y añadir el resto de nueces y pan rallado. Hornear a 180 °C durante 20 minutos.

SUGERENCIA

Este postre de piña resulta también sabroso con salsa de vainilla (ver página 108).

Valores nutritivos por ración:

330 kcal • **6 g** proteínas • **9 g** grasas • **54 g** carbohidratos • **9 g** fibra

Higos con crema de naranja

INGREDIENTES PARA 2 PERSONAS

3 naranjas
60 g de azúcar en polvo
2 cucharadas de zumo de limón
2 cucharaditas de miel
1/4 de ramita de canela
2 higos maduros
100 g de requesón desnatado

PREPARACIÓN: 20 minutos

1. Pelar bien una naranja y eliminar todas las pieles blancas. Cortarla a 8 rodajas. Exprimir las demás.
2. Caramelizar el azúcar en polvo a fuego medio y removiendo. Añadir el zumo de naranja, 1 cucharada de zumo de limón, 1 cucharadita de miel y la ramita de canela. Remover. Cocerlo a fuego lento durante 5 minutos.
3. Lavar los higos, secarlos y cortarlos longitudinalmente. Arrancarles la piel y emplearlos para decorar dos platos de postre.
4. Sacar la ramita de canela. Condimentar el zumo de naranja con 1 cucharada de zumo de limón y 1 cucharadita de miel. Dejar enfriar. Mezclar la salsa con el requesón y verterla alrededor de los higos. Añadir 3 rodajas de naranja a cada plato.

SUGERENCIA

Para que una naranja proporcione la mayor cantidad de zumo posible, antes de exprimirla hágala rodar sobre la superficie de trabajo apretándola con la palma de la mano.

Valores nutritivos por ración:

285 kcal • **9 g** proteínas • **7 g** grasas • **57 g** carbohidratos • **4 g** fibra

Pudin de albaricoque a partir de fruta seca

INGREDIENTES PARA 2 PERSONAS
50 g de albaricoques secos
2 cucharadas de azúcar
1/4 cucharadita de canela
4 clavos de especia
1 cucharada de almidón
200 ml de zumo de manzana
1 cucharadita de zumo de limón
PREPARACIÓN: 15 minutos
REPOSO: unas 2 h
TIEMPO PARA ENFRIARSE: 4 h

1. Cortar los albaricoques a trocitos. Verter 200 ml de agua sobre ellos y dejarlos reposar unas 2 horas.
2. Hervir los albaricoques en el agua en la que se han ablandado. Añadir azúcar, canela y clavo. Batir el almidón con 3 cucharadas de zumo de manzana. Verterlo en los albaricoques junto con el resto del zumo de manzana. Llevar a ebullición y cocer a fuego lento sin tapar durante 10 minutos.
3. Retirar el clavo. Añadir el zumo de limón y verter el pudin en dos bols. Dejar en la nevera por lo menos 4 horas.

Valores nutritivos por ración:
230 kcal • **3 g** proteínas • **1 g** grasas • **50 g** carbohidratos • **6 g** fibra

Postre de manzana con cebada perlada

INGREDIENTES PARA 2 PERSONAS
150 ml de zumo de manzana
50 g de cebada perlada
2 kiwis
2 manzanas (300 g)
2 cucharadas de néctar de manzana
150 g de yogur de leche descremada (0,1 % de materia grasa)
PREPARACIÓN: 35 minutos

1. Calentar el zumo de manzana. Verter la cebada perlada, llevar a ebullición y cocer tapado a fuego lento durante 20 minutos.
2. Pelar los kiwis, partirlos por la mitad y cortarlos a rodajas. Lavar las manzanas, cuartearlas, sacar el corazón y cortar los cuartos a pequeños gajos.
3. Mezclar la cebada perlada con las rodajas de kiwi, los gajos de manzana y el néctar de manzana. Añadir el yogur y servir inmediatamente.

SUGERENCIA
Si no va a servir este postre de inmediato, no ponga aún los kiwis. Sus enzimas le darían un sabor amargo al cabo de poco tiempo.

Valores nutritivos por ración:
290 kcal • **7 g** proteínas • **2 g** grasas • **60 g** carbohidratos • **6 g** fibra

Soufflé de bayas rápido

INGREDIENTES PARA 2 PERSONAS (2 MOLDES PARA *SOUFFLÉ* DE 12 cm DE Ø)

50 g de bayas (frescas o congeladas)

80 g de azúcar

2 claras de huevo

1 cucharada de palitos de almendra

grasa para el molde

PREPARACIÓN: unos 15 minutos

HORNEADO: 10 minutos

1. Precalentar el horno. Engrasar los moldes. Lavar bien las bayas frescas, escurrirlas y quitarles las hojitas o tallos. La bayas congeladas hay que atemperarlas en un poco de agua tibia. Escurrir en un colador. Pasar por la batidora las bayas y el azúcar hasta obtener un puré homogéneo.

2. Batir las claras y mezclarlas con la crema de bayas. Llenar los moldes con esa mezcla y añadir los palitos de almendra. Hornear durante 10 minutos a 120 °C.

SUGERENCIA

Según el tipo de bayas y su grado de madurez habrá que añadir más o menos azúcar al *soufflé*. El que desee ahorrar calorías puede emplear edulcorantes. Pero hay que tener en cuenta que no todos son adecuados para el horno.

Valores nutritivos por ración:

215 kcal • **5 g** proteínas • **3 g** grasas • **42 g** carbohidratos • **1 g** fibra

Arroz con mango

INGREDIENTES PARA 2 PERSONAS

2 cucharadas de pistachos

150 ml de zumo de manzana

50 g de arroz con leche

1 mango (400 g)

1 cucharada de pasas

50 g de requesón desnatado

PREPARACIÓN: 35 minutos

1. Picar los pistachos y tostarlos en una sartén sin aceite. Añadir el arroz, tapar y cocer a fuego lento durante 20 minutos.

2. Pelar el mango. Quitar el hueso y cortar la pulpa a trocitos. Mezclar con las pasas y el arroz. Cocer durante 10 minutos más. Dejar que se enfríe.

3. Mezclar el requesón con el arroz. Esparcir los pistachos por encima.

VARIANTE

Sustituya el mango fresco por 100 g de fruta seca troceada (mango, papaya o piña). Cocer el arroz con la fruta y 150 ml de leche durante 30 minutos a fuego lento.

Valores nutritivos por ración:

330 kcal • **8 g** proteínas • **7 g** grasas • **57 g** carbohidratos • **4 g** fibra

Polenta dulce con fruta

INGREDIENTES PARA 2 PERSONAS

5 cucharadas de zumo de piña
150 g de sémola de maíz
1 plátano
1 cucharada de miel
1 cucharada de pasas
1/2 cucharadita de canela
1 kiwi

PREPARACIÓN: 15 minutos

1. Llevar a ebullición el zumo de piña. Sacar del fuego y verter la sémola de trigo. Volver a llevar a ebullición durante unos instantes y dejar que se enfríe.

2. Pelar el plátano y chafarlo con un tenedor. Añadir a la papilla de maíz junto con la miel, las pasas y la canela. Pelar el kiwi y cortarlo a rodajas. Distribuir la polenta en dos raciones y decorar con el kiwi.

SUGERENCIA

Es mejor emplear zumo de piña puro, es decir, no néctar ni bebidas a base de zumo demasiado diluido.

Valores nutritivos por ración:

350 kcal • **8 g** proteínas • **1 g** grasas • **74 g** carbohidratos • **8 g** fibra

Barritas de müsli

INGREDIENTES PARA 20 PIEZAS

50 g de semillas de calabaza
75 g de pipas de girasol peladas
2 cucharadas de aceite de oliva
150 g de copos de avena con salvado
100 g de copos de avena
100 g de albaricoques secos
1 huevo
100 g de azúcar
5 cucharadas de leche desnatada (1,5 % de materia grasa)
1 cucharadita de canela
papel de hornear para la fuente

PREPARACIÓN: unos 20 minutos
HORNEADO: 30 minutos

1. Picar las semillas de calabaza y las pipas de girasol.

2. Calentar el aceite en una sartén con recubrimiento de teflón. Tostar las semillas, el salvado y los copos de avena durante 5 minutos, a fuego lento y removiendo. Dejar enfriar.

3. Precalentar el horno. Cubrir una bandeja de horno con papel de hornear. Picar los albaricoques. Mezclarlos con huevo, azúcar, leche, canela y la mezcla de copos y semillas.

4. Esparcir la masa por la bandeja y aplanarla. Secar en el horno durante 30 minutos a 170 °C. Cortar inmediatamente en 20 pequeñas barritas y dejarlas enfriar.

Valores nutritivos por ración:

130 kcal • **5 g** proteínas • **7 g** grasas • **16 g** carbohidratos • **2 g** fibra

Tarta de fruta

INGREDIENTES PARA 12 PORCIONES
(1 MOLDE DE 20 cm DE Ø)

50 g de margarina
4 cucharadas de azúcar
75 g de copos de avena
75 g de harina integral
1 cucharadita de levadura Royal
2 claras de huevo
3 sobres de azúcar de vainilla
1 melocotón
3 kiwis
1 plátano
1 sobre de cobertura para tartas
250 ml de zumo de manzana
papel de hornear y grasa para el molde

PREPARACIÓN: unos 30 minutos
HORNEADO: 20 minutos

1. Precalentar el horno. Cubrir el fondo del molde con papel para hornear, engrasar ligeramente el borde. Batir la margarina con el azúcar hasta conseguir espuma. Mezclar los copos de avena, la harina y la levadura y añadirlo a la masa de azúcar. Batir las claras con el azúcar de vainilla y añadir cuidadosamente a la masa.
2. Llenar el molde con la masa y colocar en el horno durante unos 20 minutos a 175 °C. Enfriar un poco, sacar del molde y colocar sobre una rejilla. Retirar el papel. Dejar enfriar.
3. Pelar el melocotón y cortarlo a gajos. Pelar los kiwis y el plátano y cortarlos a rodajas. Repartir la fruta sobre la base de la torta.
4. Cocer la cobertura en el zumo de manzana siguiendo las instrucciones del sobre. Enfriar un poco. Esparcir uniformemente sobre la tarta de fruta.

VARIANTE

Fuera de la temporada de los melocotones, la tarta se puede hacer también con gajos de naranja. Pelar bien dos naranjas grandes y eliminar todas las pieles blancas. Cortar los gajos con un cuchillo pequeño y bien afilado.

SUGERENCIA

Si no encuentra fruta fresca, empléela congelada o de conserva. Pero esta fruta hay que escurrirla muy bien antes de colocarla sobre la base de la tarta. También se puede cubrir ésta con nata para evitar que un exceso de jugo de la fruta pueda llegar a ablandarla.

Valores nutritivos por ración:

120 kcal • **3 g** proteínas • **4 g** grasas • **18 g** carbohidratos • **2 g** fibra

Tarta de bayas

INGREDIENTES PARA 12 PORCIONES (1 MOLDE DE 26cm DE Ø)

2 huevos
200 g de harina
100 ml de aceite de oliva
150 g de azúcar
500 g de bayas dulces frescas
Film transparente de cocina
grasa para el molde

PREPARACIÓN: 25 minutos
TIEMPO PARA ENFRIARSE: 30 minutos
HORNEADO: 40 minutos

1. Separar los huevos. Batir las yemas con la harina, el aceite y 75 g de azúcar hasta conseguir una masa homogénea. Envolver la masa con el *film* transparente y dejarla 30 minutos en la nevera.

2. Precalentar el horno. Engrasar el molde. Extender la masa sobre una superficie de trabajo cubierta de harina y colocarla en el molde dando forma al borde. Lavar bien las bayas, escurrirlas, secarlas y limpiarlas. Cortar por la mitad a las más grandes.

3. Batir las claras. Añadir 75 g de azúcar y el zumo de limón. Seguir batiendo hasta que la masa brille a punto de nieve. Añadir las bayas. Esparcir la mezcla sobre la masa.

4. Hornear durante unos 40 minutos a 200 °C. Dejar enfriar un poco, sacar la tarta del molde y colocarla sobre una rejilla de cocina para que se acabe de enfriar.

Valores nutritivos por ración:

200 kcal • **3 g** proteínas • **9 g** grasas • **28 g** carbohidratos • **2 g** fibra

Pastel de pera

INGREDIENTES PARA 12 PORCIONES (1 MOLDE DE 26 cm DE Ø)

2 huevos
180 g de azúcar
100 ml de leche desnatada
1/2 cucharadita de canela
200 g de harina integral
1 sobre de levadura Royal
1 sobre de azúcar de vainilla
600 g de peras
50 g de nueces peladas
papel para hornear y grasa para el molde

PREPARACIÓN: unos 25 minutos
HORNEADO: 1 hora

1. Precalentar el horno. Cubrir el fondo del molde con papel para hornear. Engrasar ligeramente el borde. Separar los huevos.

2. Batir las yemas con azúcar, leche y canela hasta espumar. Añadir harina y Royal, mezclar bien. Batir las claras con azúcar de vainilla a punto de nieve. Verterla cuidadosamente sobre la masa. Llenar el molde con ella.

3. Pelar las peras, cuartearlas y retirar el corazón. Cortar los cuartos a gajos. Picar las nueces. Repartir las peras y las nueces sobre la masa.

4. Introducir la tarta en el horno y hornearla durante aproximadamente 1 hora a 180 °C. Esperar a que se enfríe un poco, sacarla del molde y colocarla sobre una rejilla de cocina para que se acabe de enfriar.

Valores nutritivos por ración:

195 kcal • **5 g** proteínas • **4 g** grasas • **34 g** carbohidratos • **3 g** fibra

Tarta de fresones fría

INGREDIENTES PARA 12 PORCIONES (1 MOLDE DE 26 cm DE Ø)

80 g de margarina
70 g de azúcar
1 huevo
80 g de almidón alimentario
50 g de harina
1/2 sobre de Royal
6 hojas de gelatina blanca
600 g de fresones
250 ml de leche desnatada
200 g de queso fresco (5 % de materia grasa)
1 sobre de azúcar de vainilla
grasa para el molde

PREPARACIÓN: unos 30 minutos
HORNEADO: 20 minutos
TIEMPO PARA ENFRIARSE: 4 h

1. Precalentar el horno. Engrasar el molde. Batir la margarina con 50 g de azúcar. Añadir el huevo y seguir batiendo. Añadir 50 g de almidón, harina y Royal. Colocar la masa en el molde y hornear durante 20 minutos a 200 °C. Sacar del molde cuando se haya enfriado un poco y dejar que se acabe de enfriar sobre una rejilla de cocina.
2. Ablandar la gelatina. Lavar las bayas, escurrirlas, secarlas y quitarles el tallo. Poner 200 g de bayas en la batidora y obtener un puré uniforme. Mezclar 30 g de almidón con 3 cucharadas de leche. Llevar a ebullición el resto de la leche y añadir la leche con almidón. Añadir el puré de fresones, el queso fresco, el azúcar de vainilla y 20 g de azúcar.
3. Deshacer la gelatina en un poco de agua a fuego lento. Mezclar con 3 cucharadas de crema de fresones y luego añadir al resto de crema. Esparcir la crema de fresones uniformemente sobre la masa y dejarla en la nevera durante una 4 horas.
4. Cortar por la mitad 400 g de fresones y repartirlos por encima de la tarta.

SUGERENCIA

Fuera de temporada puede emplear también fresas o fresones congelados, aunque solamente para la masa. Las frutas congeladas no sirven para decorar. En vez de eso, emplee 100 g de uvas sin semillas y cortadas por la mitad y 1 plátano cortado a rodajas. Las rodajas de plátano hay que sumergirlas antes en zumo de limón para que no se vuelvan marrones.

Valores nutritivos por ración:

170 kcal • **4 g** proteínas • **8 g** grasas • **19 g** carbohidratos • **1 g** fibra

Tabla de sustituciones

Elija los alimentos de la zona verde y sustituya los de la roja por los de la verde. Las verduras, la fruta y la mayoría de los productos derivados de los cereales suelen tener muy poca grasa y son ricos en ácidos grasos beneficiosos, por lo que podemos recomendarlos casi sin excepción. Por este motivo no los hemos incluido en la tabla.
Todos los datos se expresan en gramos por cada 100 gramos de producto listo para su consumo.

Alimento	AGS	AGMI	AGPI	Alimento	AGS	AGMI	AGPI
mejor				en lugar de			
Leche y productos lácteos							
Leche descremada (1,5 % de materia grasa)	0,9	0,4	+	Leche entera (3,5 % de materia grasa)	2,0	1,0	0,1
Yogur descremado	0,1	+	+	Yogur (3,5 % de materia grasa)	2,2	1,0	0,2
Requesón descremado	0,1	0,1	+	Requesón (20 % de materia grasa)	2,9	1,3	0,1
Queso fresco	0,9	0,3	0,1	Queso fresco (60 % de materia grasa)	18,9	8,4	1,0
Camembert (30 % de materia grasa)	7,8	3,6	0,3 seco	Camembert (45 % de materia grasa)	12,9	5,9	0,5
Edamer (30 % de materia grasa)	10,0	3,8	0,3	Edamer (45 % de materia grasa)	17,4	6,7	0,6
Queso curado	2,6	1,3	0,2	Roquefort	18,9	6,5	1,2
Grasa para untar y alternativas							
Margarina semidescremada	11,3	12,8	13,8	Margarina vegetal	29,8	26,9	20,2
Nata agria	6,1	3,0	0,4	Mantequilla	53,2	21,5	1,8
Aceites y grasas							
Aceite de girasol	11,0	20,4	63,5	Grasa de palmito	78,1	13,6	1,9
Aceite de germen de maíz	13,2	26,3	56,2	Manteca	62,7	25,4	2,3
Aceite de oliva	14,0	70,6	8,9	Manteca de cerdo	38,9	44,1	11,8
Aceite de soja	14,5	19,4	60,8	Manteca de ganso	27,3	57,7	10,5

AGS = ácidos grasos saturados
AGMI = ácidos grasos monoinsaturados
AGPI = ácidos grasos poliinsaturados
+ = en trazas

Alimento	AGS	AGMI	AGPI	Alimento	AGS	AGMI	AGPI
mejor				en lugar de			
Frutos secos y semillas							
Avellana	4,1	46,0	8,6	Coco	31,8	2,2	0,7
Almendra	4,1	33,1	12,9				
Pipas de girasol	5,4	13,5	28,0				
Pistacho	6,1	34,8	7,6				
Cacahuete	7,0	22,1	14,4				
Pescado							
Merluza	0,1	0,1	0,3	Anguila ahumada	6,6	16,0	2,9
Salmón marino	0,2	0,2	0,5				
Trucha	0,6	0,8	1,0				
Carpa	1,0	2,3	1,1				
Salmón	2,9	6,1	4,2				
Arenque	3,3	8,8	4,2				
Caballa	3,4	4,7	2,6				
Atún	4,1	4,2	4,7				
Carnes							
Pavo sin piel	0,4	0,2	0,2	Papada de cerdo	5,8	6,4	1,0
Solmillo	0,7	0,9	0,1	Carne de cerdo grasa	5,6	7,3	1,7
Filete de cerdo	0,8	0,9	0,1	Lomo de cordero	6,0	5,2	0,5
Filete de ternera	1,8	1,7	0,3	Chuleta de cordero	8,2	7,1	0,6
Pollo con piel	1,9	2,0	1,5				
Lomo de ternera	1,9	2,0	0,2				
Chuleta de cerdo con hueso	1,9	2,5	0,4				
Asado de ternea	3,6	3,7	0,3				
Embutidos y productos cárnicos							
Jamón cocido	1,3	1,7	0,3	Tocino ahumado	9,7	10,2	1,1
Gelatina	1,1	1,1	0,2	Longaniza	9,5	12,5	3,0
				Salchicha de hígado	11,4	14,6	1,9
				Salchichón	11,4	15,0	3,6
				Salchichón ahumado	12,5	16,3	3,9
Dulces, *snacks*							
Chuches de goma	0,0	0,0	0,0	Chocolate con leche	18,9	10,2	1,0
Turrón	2,5	15,8	2,1	Chocolate negro amargo	19,4	10,8	1,1
Palitos salados	0,1	0,1	0,2	Chips de cacahuete	6,3	16,8	10,0
Tarta de manzana	1,2	2,7	1,4	Tarta de nata con queso	3,0	2,1	0,5
Mermelada	0,0	0,0	0,1	Crema de chocolate con almendras	17,6	9,1	1,3
Sorbete	0,0	0,0	0,0	Helado cremoso	12,7	6,3	0,8

Índice de platos por capítulos

Índice alfabético de recetas

Índice alfabético de recetas